D1722637

Typisch sächsisch

Allerlei zum Nachdenken, Schmunzeln
und Lachen

Das Hausbuch des sächsischen Humors
herausgegeben von Wolfgang Ehrhardt Heinold

Verlag Weidlich / Flechsig

Ich widme dieses Buch meinem Vater
Ehrhardt Heinold, von dem ich gelernt
habe, was typisch sächsisch ist.
W. E. H.

Alle Rechte vorbehalten
© 1976 by Verlag Wolfgang Weidlich, Frankfurt am Main
© 1992 3. Auflage by Verlag Weidlich/Flechsig, Würzburg
Satz und Druck: Hohenloher Druck- und Verlagshaus, Gerabronn
Umschlagbild und Zeichnungen: Helmut Hellmessen, Maintal
Printed in Germany
ISBN 3-8035-1354-5

Inhaltsverzeichnis

Einführung

von Wolfgang Ehrhardt Heinold

I.

Dieses Buch hat einen Vorgänger: die Sammlung »Sachsen wie es lacht«, die ich im Jahre 1968 im Wolfgang Weidlich Verlag herausgebracht habe. Sie liegt in dritter Auflage vor, wurde zum Ausgangspunkt einer erfolgreichen Reihe, in der viele deutsche Landschaften zu Worte kommen, und fand durch eine Taschenbuch-Ausgabe bei Rowohlt zusätzliche Verbreitung. Von »Typisch sächsisch« erscheint nun ebenfalls die dritte Auflage; außerdem kam die Sammlung als Ullstein-Taschenbuch heraus.

II.

Sächsischer Humor — das kann man am Erfolg dieses Vorgängers ablesen — ist also durchaus gefragt unter sächsischen Landsleuten. Denkt und sagt man »typisch sächsisch«, erinnert man sich vorwiegend an die liebenswerte Seite unseres sächsischen Wesens. Und diese heitere Seite unseres Volkscharakters ist nicht unwesentlich: zum Humor in der deutschen Literatur — bekanntlich darin ein schmales Kapitel — haben wir Sachsen nicht nur mit Ringelnatz und Kästner, sondern mit vielen anderen Autoren beigetragen.

III.

Die Quellen sächsischen Humors fließen reichlich: vom volkstümlichen Witz über die zugespitzte Anekdote, von der Redensart aus dem Volksmund zur mundartlichen Erzählung, von der Volks- zur Hochliteratur: überall gibt es Stücke und Texte zu entdecken, die das Helle, Gescheite, Treffende, Heiter-Selbstironische des sächsischen Wesens spiegeln. Für meinen Band »Sachsen wie es lacht« hatte ich längere Zeit Material gesammelt. Das Sammeln hatte mir Spaß gebracht und was lag näher, als auch nach dem Erscheinen des Buches weiterzusammeln. Meine Sammlung wuchs, und so traf mich die Aufforderung meines Verlegers Wolfgang Weidlich, einen weiteren Band mit heiteren Texten aus Sachsen zusammenzustellen, nicht unvorbereitet.

IV.

»Sachsen wie es lacht« habe ich als eine Zusammenfassung heiterer Texte aus der Volks- und Hochliteratur aufgebaut, die durch einen essayartigen Begleittext zusammengehalten werden, den sie gleichsam als Fallbeispiele illustrieren. Dabei mußte es sich notgedrungen vornehmlich um kürzere Stücke handeln. Die Konzeption für einen weiteren Band lag damit auf der Hand: er sollte ein Volks-, Haus-, Lese- und Vorlesebuch werden, das auch umfangreichere Texte umfaßt. Belegt werden sollte mit diesen Texten mehr noch als mit dem ersten Band, was wir eigentlich unter »typisch sächsisch« verstehen.

V.

Nahe lag es, vom Aufbau des ersten Bandes auszugehen, sich an seine bewährte Gliederung zu halten. Sie umfaßte folgende Hauptkapitel:
- ○ Wir Sachsen und unsere Sprache
- ○ Die Welt um uns Sachsen herum
- ○ Wir Sachsen und das Schicksal
- ○ Wir Sachsen und die Liebe
- ○ Bei uns zu Hause in Sachsen
- ○ Wir Sachsen als solche.

Nach diesen Gesichtspunkten habe ich auch das Material für den vorliegenden Band geordnet. Ich setzte es so, daß es zueinander in bezug geriet, daß es sich ergänzte, miteinander sprach, einander widersprach, genau wie wir als Sprechende miteinander in bezug geraten, wenn wir den Mund aufmachen.

VI.

Mit besonderem Vergnügen stellte ich den Anhang zusammen, der zwei Teile enthält: Rezepte aus dem Kochbuch meiner (sächsisch-magdeburgischen) Mutter und ein Lexikon typisch sächsischer Ausdrücke und Redensarten.

Dieser Anhang hat nach der »Wende« in der alten Heimat neue Aktualität gewonnen: auch der eingefleischte (West-)Bundesbürger beginnt die sächsische Küche zu entdecken — und sächsische Ausdrücke und Redensarten sind nicht mehr nur in Leipzig und Dresden, sondern auch in Hamburg, Köln, Stuttgart und München zu vernehmen.

VII.

Bei meiner Sammelarbeit ist mir bewußt geworden, daß sich sächsischer Humor am deutlichsten und echtesten in mundartlichen Stücken ausdrückt, in vogtländischen, ost- und west-erzgebirgischen und oberlausitzischen, wobei jede dieser Mundarten ja auch wieder Ausdruck für eine andere Volks- und Charaktermischung, für ein im Grunde zwar sächsisches, aber auf regionale Eigenart eigentümliches Wesen ist. So erhielten auch charakteristische Mundartstücke ihren Platz in dieser Sammlung.

VIII.

Ein Autor muß erwähnt werden, den ich leider nicht in die Anthologie aufnehmen konnte: der sächsische Humorist und Satiriker Hans Reimann. Seine Witwe, die die Rechte verwaltet, hat auf die Anfragen des Verlages negativ geantwortet. Hier hat unser Urheberrecht — auf den bürgerlichen Eigentumsbegriff fixiert — zweifellos seine Grenzen. Ist es richtig, daß eine Witwe bestimmt, was von ihrem verstorbenen Ehemann wo veröffentlicht wird? Hat nicht die Öffentlichkeit ein Anrecht auf ein einmal veröffentlichtes Werk?

IX.

Wie bei jeder Anthologie, so kann jeder Leser des vorliegenden Buches mit dem Herausgeber darüber rechten, warum jenes Stück aufgenommen wurde, ein anderes fehlt. Da bleibt als Antwort nur eines: eine Anthologie ist eine subjektive, persönliche Auswahl, die der Herausgeber nach eigenem Geschmack trifft und zu verantworten hat. Mir scheint, daß sich in den von mir ausgewählten Stücken aus der Volks- und Hochliteratur von der Aufklärung bis zur Gegenwart der sächsische Volkscharakter auf typisch sächsische Weise spiegelt. Darum habe ich diese Anthologie so und nicht anders zusammengestellt.

Das Land Sachsen hörte 1952 auf zu bestehen. Nach dem Ende des SED-Regimes erstand es 1990 in den Grenzen aus der Nachkriegszeit wieder. Diese 38 Jahre vermochten nicht auszulöschen, was »typisch sächsisch« ist. Deshalb kann die durch die Nachfrage aus dem neuen Freistaat Sachsen notwendig gewordene Neuauflage des vorliegenden Buches in nur geringfügig veränderter Form erscheinen. Was typisch sächsisch ist, bleibt typisch sächsisch!

Hardebek, Eulenhof,
Juli 1976 / November 1991

9

Sächsische Spruchweisheit

Gesund ists Steigen
und wird auch belohnt!
Denn auf den Bergen
Die Freiheit wohnt.
Lustig zu Fuß den Berg hinan,
Brauchts Drahtseil — nicht
noch Schwebebahn.

Hausinschrift in Dresden-
Loschwitz, Plattleite

Rostig wird des Berges Schiene,
wenn der Hunt nicht drüber läuft,
Faltig wird des Bergmanns Miene,
Wenn er nicht mal einen säuft.

Alter Freiberger Bergmannsspruch

Treibn mersch
        is nischt drinne,
Is was drinne
        giehts nich raus,
Giehts raus
        sähns se's nich,
Sähn se's
        treffen se's nich,
Treffen se's
        sin mirsch!

Alter sächsischer Treibervers,
mitgeteilt von Marianne Hamm

Der Spanier lebt in fernen Zonen
für die, die weitab davon wohnen.

Joachim Ringelnatz

Ardepplgetzn, rauche Mahd,
Griegeniffte — ach du Fraad! —
Gibts bei uns es ganze Gahr,
Sei de Ardeppeln net zu rar.

Aus dem Vogtland, 1905

Klipp, klapp, klirr, die Leineweber
        sin dürr,
was se a dr Wochen derklippert und
        derklappert,
das wird an Suntche verschlippert
        und verschlappert.

Aus der Oberlausitz

O du gute Mietze Katze,
wieviele gute Tage haste,
brauchst ni spinnen und brauchst ni
        weefen
brauchst o keene Butter keefen,
brauchst o keenen Hauszins gahn,
brauchst ack uf de Mäuse sahn.

Aus der Oberlausitz

Die Leineweber nehmen keinen
        Lehrjungen an,
der nicht sechs Wochen hungern kann.

Aus der Oberlausitz, 1907

Wir Sachsen und unsere Sprache

Waldemar Staegemann

An de sächsische Sprache

Du bist so weech, du bist so hart,
du bist so derb, du bist so zart
wie ene Wiesenblume.
Der, wer dich spricht, der, wer dich
    schreibt,
un das nur leichteweg betreibt
mampft Semmel ohne Krume.

Was in dir singt, was in dir klingt,
die Kurve, die dich sanft durchschwingt,
das leise Musizieren;
Daß, wenn s'ch ooch Gift in dir versteckt,
's doch wie gutart'cher Kaffee schmeckt,
das kann mir imbonieren!

Du bist nich bees, un triffst doch gut,
bist voll melod'schem Bildermut,
bist helle un bist witzich.
Du hast etwas Eindringliches
un etwas sanft Bezwingliches,
kannst milde sein un hitzich.

Wer dich in Regeln zwängen mecht',
versteht dei Wesen eißerscht schlecht,
der macht mit dir nur Faxen.
Von Grund aus weg kricht dich nur der,
der nich etwan von auswärts wär',
nee, äm so richt'ch aus Sachsen.

Axel Eggebrecht

In Rußland

Axel Eggebrecht berichtet in seinen Lebenserinnerungen, daß er Anfang der zwanziger Jahre für die Internationale Arbeiterhilfe in Moskau, Hauptstadt der aus der Revolution hervorgegangenen UdSSR, tätig war:
Unerwartet wurde ich auf mehrere Reisen geschickt.
Wie es dazu kam, weiß ich nicht mehr.

Möglicherweise hatte Münzenberg angeordnet, daß ich Max Barthel ein Stück weit an die Wolga begleiten müsse. Er sollte in Zaryzin und Astrachan Großfischereien in Gang bringen, auch solche Unternehmen richtete die IAH ein. Münzenberg setzte als Leiter gern deutsche Genossen ein, die ihm zuverlässig

12

erschienen, aber reine Laien waren. So kam es zu Pannen, sogar zu Skandalen. Über einen, der schon ein Jahr zurücklag, wurde in der Moskauer Zentrale viel geredet. Franz Jung, der eigenwillige Anarchokommunist, den ich im Malik-Verlag kennengelernt hatte, sollte im Ural ein Traktorenzentrum einrichten, um die regionale Landwirtschaft zu unterstützen. Statt dessen hortete er die von amerikanischen Arbeitern gestifteten Traktoren, plante den Bau einer ultramodernen Stadt, dieser Utopien wegen geriet er heftig mit Münzenberg aneinander; es hieß, er habe diesen bei einem Kontrollbesuch mit dem Revolver bedroht.

Barthel war bestimmt gefügiger. Während der langen Fahrt nach Saratow erwies er sich als angenehmer Reisegefährte. Wir sahen überall noch die Spuren der Dürrekatastrophe, tiefe Risse in der ausgetrockneten Erde. In Saratow wurden wir überaus herzlich aufgenommen, westliche Besucher waren selten. Eine uns zugeteilte Dolmetscherin hüllte sich beharrlich in Schweigen. Als wir abends in einer Versammlung sprachen, half jemand aus dem nahen wolgadeutschen Gebiet aus und übersetzte unsere kurzen Ansprachen. Die eigentlich dafür ausersehene junge Frau saß freundlich lächelnd daneben.

Stumm blieb sie auch, als wir anderntags am Ufer des mächtigen Stromes hockten, Wassermelonen aßen und träge vor uns hin blödelten. Barthel, der Arbeiterdichter aus Dresden, und ich, Leipziger Thomaner, fielen dabei in ein parodistisch übertriebenes Sächsisch, ungefähr so:

»Gugge, da driem liecht nu As'chen!«

»Nee, mei Gudester! Da fehlt noch e ganzes Schtigge. Mir sin' immer noch in Eiroba!«

»Mache geen' Gagsch! Morch'n mach'ch nunder ans Gasbische Meer, das is'n asiadisches Gewässer!«

Plötzlich strahlte unsere Begleiterin und rief: »Chetz, Genossen, gann'ch eich awer guhd verschdehn!«

Lösung des Rätsels: Als Tochter wohlhabender Eltern wurde sie 1914 in einem deutschen Kurort vom Kriege überrascht, in ein Lager für Zivilinternierte gebracht, unweit von Dresden. Von dort stammten ihre Sprachkenntnisse: Sächsisch als Weltsprache.

Johannes Poeschel

Verwahrung eines Sachsen (Leipzigers)
gegen den falschen Gebrauch seiner Mundart

Nee, das geht mer drieber nieber,
Was mer jetzt uns bieten dhut,
So ä alwernes Gelawre
Bringt mich fermlich noch in Wut.

Werd wohl eener engel'sch dichten,
Hat er nich derzu ooch's Zeig?
Awer unsre scheene Sprache,
Die, denkt jeder, gann er gleich.

Schreibt da eens: »An meene Wasch-
    frau«,
Habt 'r so was je geheert?!
Nee, das geht mer drieber nieber,
S' hat mich dradezu embeert!

Ihr meent, wenn 'r ee fer ei sagt,
Und fer au da sagt 'r oo,
Hält mer eich fer richt'ge Sachsen.
Nee, 's is lange noch nich so!

Baßt jetzt uff, was ich eich sage,
Schreibt's eich hinder eire Ohr'n
Oder laßt mit säch'schen Verschen
Ginft'g uns lieber ungeschor'n.

Wißt 'r, wer de nich von kleen uff
Unsre Sprache gennt, der errt.

Lern'n muß der un Biecher wälzen,
Bis er'sch endlich weise werd.

Nämlich, wo de alden Deitschen
Schon gesagt ham ei un au,
Da nur heeßt's jetzt hier zu Lande
ee un oo, merkt's eich genau!

Awer wo se frieher sagten
u un i, da sprechen mir
au un ei nu äben grade,
Seht 'rsch grade so wie ihr.

Wenn 'r zählt, sprecht eens un zweee,
Dann gommt awer dreie dran,
Un wer »meene« sagt statt meine,
Na, der zeigt äm, was er gann!

Kleeder macht der Schneidermeester,
Reesen, doch zerreißen sprich,
Steene ham mer viel in Sachsen,
Genne »Schweene« ham mer nich!

Laufen dhun mer nich, mir loofen,
Un fer auch da sag' mer ooch,
»Soofen« awer dhut gee Sachse,
Un fer Bauch spricht geener »Booch«.

14

Seefe braucht mer, Feife roocht mer,
Niemand »schnobbt« sich — mit Verloob,
Awer leicht verwechseln gannste
Eechenloob und Eegenlob.

So, nun wißt r'sch! Wenn 'r widder
Säch'sche Verse machen dhut,
Schießt nich widder solche Becke,
'S bringt mich werklich sonst in Wut!

Karl May

Der Frosch und der Ochse

Die Pferde, Maultiere und Maulesel waren jetzt entsattelt und weideten im frischen Gras oder taten sich im Wasser des Flusses gütlich. Mit Hilfe von Stangen und Decken wurden im Hof Zelte aufgestellt, da so viele Personen nicht im Innern der Rancho Platz finden konnten. Dann entwickelten die Frauen eine rege Tätigkeit, und bald war der Hof vom Duft gebratenen Fleisches und neu gebackener Maisfladen erfüllt. Zu dem Schmaus, der nun begann, wurden der Hobble-Frank und auch die Tante Droll eingeladen. Die anderen mochten für sich selbst sorgen.

Frank lachte still in sich hinein, als er bemerkte, wie besorgt Frau Rosalie Ebersbach, geborene Morgenstern und verwitwete Leiermüller für ihn war. Sie legte ihm die besten Bissen vor. Er mußte fast mehr essen, als er vermochte, und als er schließlich nicht mehr konnte und nachdrücklich dankte, weil sie ihm noch mehr aufzwingen wollte, bat sie ihn: »Nehmen Sie doch nur das noch, Herr Hobble-Frank! Ich gebe es Ihnen gern. Sie können sich drauf verlassen. Da, verzehren Sie noch dieses Stückchen Rindfleisch und den Maiskuchen! Es ist das Beste, was ich für Sie habe.«

»Danke, danke!« wehrte er ab. »Ich kann nicht mehr, wirklich nicht. Ich bin gestopft voll und könnte mir, wenn ich noch mehr äße, leicht 'ne Indigestikulation zuziehen.«

»Indigestion, wollen Sie wohl sagen, Herr Frank«, fiel ihm der Kantor in die Rede. Da aber fuhr ihn der Kleine zornig an: »Schweigen Sie, Sie konfuser Eremitechnikus! Was verstehen denn Sie von griechischen und arabischen Wörtern! Sie können zwar Orgel spielen und vielleicht auch Opern komponieren, im übrigen aber müssen Sie stille sein, zumal einem Präriejäger und Gelehrten gegenüber, wie ich einer bin. Wenn ich mich mit Ihnen in gelehrten Streit einlassen wollte, würden Sie doch allemal klein beigeben müssen.«

»Das möchte ich denn doch bezweifeln«, wendete der Kantor ein.

»Wie? Was? Soll ich's Ihnen beweisen? Nun, was haben Sie denn an meiner Indigestikulation auszusetzen, mein lieber Herr Kantor emeritus Matthäus Aurelius Hampfel aus Klotzsche bei Dresden?«

»Es muß Indigestion heißen.«

»So, so! Was soll denn dieses schöne Wort bedeuten?«

»Unverdaulichkeit. Indigestibel heißt unverdaulich.«

»Das glaube ich Ihnen sofort und von ganzem Herzen, denn Sie selber sind im höchsten Grad indigestibel. Ich wenigstens kann Ihr fortdauerndes Besserwissen gar nicht verdauen. Was haben Sie nun aber gegen das Wort, das ich gebraucht habe, nämlich Indigestikulation?«

»Daß es Unsinn ist.«

»Ach so, hm, hm! Und was heißt denn wohl Gestikulation?«

»Die Gebärdensprache, die Sprache durch Bewegung der Hand oder anderer Körperteile.«

»Schön, sehr schön! Jetzt habe ich Sie, wohin ich Sie haben wollte. Jetzt sind Sie gefangen wie Kleopatra in der Schlacht an der Beresina. Also Gestikulation ist Gebärden- oder Bewegungssprache und

indi bedeutet innerlich, sich auf den Magen beziehend; denn Sie haben selber gesagt, daß indigestibel unverdaulich heißt. Also wenn ich mich des geistreichen Ausdrucks Indigestikulation bediene, will ich durch die Blume andeuten, daß mein Magen sich in stürmische Windungen versetzt, um mich durch diese Gebärdensprache drauf aufmerksam zu machen, daß ich Messer, Gabel und Löffel nun beiseite legen soll. Sie aber scheinen für solche Sprachfeinheiten kein Verständnis zu besitzen. Ist Ihnen vielleicht die Fabel von dem Frosch und dem Ochsen bekannt?«

»Ja.«

»Nu, wie war die denn?«

»Der Frosch sah einen Ochsen, wollte sich so groß machen wie jener, blies sich auf und — zerplatzte dabei.«

»Und die Lehre, die man aus dieser Fabel zu ziehen hat?«

»Der Kleine soll sich nicht groß dünken, sonst kommt er zu Schaden.«

»Schön, sehr schön! Ausgezeichnet sogar!« stimmte Frank begeistert bei.

»Nehmen Sie sich diese Lehre zu Herzen, Herr Kantor emeritus! Diese Fabel paßt außerordentlich gut auf uns beide, nämlich auf Sie und mich.«

»Wieso?«

Das schlaue Lächeln, womit der Kantor diese Frage aussprach, ließ erraten, daß er beabsichtigte, den Hobble-Frank in eine Falle zu locken. Auch die anderen blickten mit Spannung zu dem erregten Kleinen hinüber. Frank aber war zu begeistert, um etwas zu merken. Ohne zu überlegen sagte er: »Weil Sie geistig unbedeutend sind, während ich eine Größe bin. Wenn Sie sich mit mir vergleichen wollen, so müssen Sie unbedingt zerplatzen, denn Sie sind in bezug auf Kenntnisse, Fertigkeiten und Wissenschaften der kleine Frosch, während ich in allen diesen Dingen der große Och—« Frank hielt mitten im Wort inne. Sein Gesicht wurde länger; er erkannte plötzlich, an welcher Leimrute er klebte.

». . . der große Ochse bin«, ergänzte der Kantor den unterbrochenen Satz. »Ich will Ihnen da nicht widersprechen.«

Sogleich brach ein allgemeines Gelächter aus, das gar nicht enden wollte. Frank schrie zornig dazwischen hinein, was aber nur zur Folge hatte, daß das Lachen immer stärker wurde. Da sprang er ergrimmt auf und brüllte, was er nur brüllen konnte: »Haltet die Mäuler, ihr Schreihälse, ihr! Wenn ihr nicht auf der Stelle ruhig seid, reite ich fort und lasse euch hier sitzen!«

Aber man beachtete diese Drohung nicht; das Gelächter schwoll im Gegenteil von neuem an, und selbst sein Freund und Vetter Droll lachte, daß ihm der Bauch wackelte. Das brachte den Hobble-Frank vollends außer sich. Er hob wütend die geballten Fäuste gegen die Lachenden und rief mit übergeschnappter Stimme: »Nun gut! Ihr wollt nicht hören, da sollt ihr fühlen! Ich schüttele den Staub von meinen Stiefeln und gehe meiner Wege. Ich wasche meine Hände in Unschuld und lasse die Seife bei euch zurück!«

Er rannte davon, während das Gelächter hinter ihm her scholl.

17

Friedrich Ruge

Entwicklung

Das Mittelalter fing grad an,
da hat sich sehr hervorgetan
ein Fürst, der herrscht' in Obersachsen,
dort, wo die schönen Mädchen wachsen,
wie viele meinen, auf den Bäumen,
in Wirklichkeit wohl mehr in Träumen.

Der Fürst sprach gut und auch recht viel
und zwar in einem eignen Stil.

Aus »Ka« macht rauh »Ce-Ha« der Mann,
ans »Pe« hing gern ein »Eff« er an.

Die Hörer haben erst gelacht
und dann ihn fröhlich nachgemacht.
Vor Fremden deckten sie den Herrn
und sagten dreist: »Das ist modern«.

Und so, nach gar nicht langer Übung,
entstand die zweite Lautverschiebung.

Friedrich Hartau

Schüttelreime

So wenich jemals Schdeine bellen,
läßd das sich uff die Beine schdellen!

*

Dir schauderd, wennde Zeihdung liesd,
worauf de dann de Leidung ziehsd!

*

Ob's wohl der alde Golo Mann
Noch mid der Druhde Molo gann?

*

»Weh dem, där Wüsten bärcht!«
Weil där auch Büsden wärcht!

*

Wenn ich hier durcheinanderfiehre,
das machd', ich hab 'ne Wanderniere.

Da schprach der alde Schweinemeesder,
Am besten nimmsde meine Schwesder!

*

Ärschd drächdr uff dr Biehne Grohnen
und nachhär issd'r griene Bohnen!

*

Ich dachde, ich brobiehre Liehr (Lear)
Was du'ch? Ich inhaliere Bier!

*

Mein Däxd iss in der gleinen Mabbe,
Drum hald ich lieber meine Glabbe.

*

Wenn sich dann ihre Driebe lösden,
Da mussd ich sie mid Liebe drösten!

Die Welt
um uns Sachsen herum

Erich Kästner

Die Entwicklung der Menschheit

Einst haben die Kerls auf den Bäumen
    gehockt,
behaart und mit böser Visage.
Dann hat man sie aus dem Urwald
    gelockt
und die Welt asphaltiert und auf-
    gestockt,
bis zur dreißigsten Etage.

Da saßen sie nun, den Flöhen entflohn,
in zentralgeheizten Räumen.
Da sitzen sie nun am Telefon.
Und es herrscht noch genau derselbe
    Ton
Wie seinerzeit auf den Bäumen.

Sie hören weit. Sie sehen fern.
Sie sind mit dem Weltall in Fühlung.
Sie putzen die Zähne. Sie atmen modern.
Die Erde ist ein gebildeter Stern
mit sehr viel Wasserspülung.

Sie schießen die Briefschaften durch ein
    Rohr.
Sie jagen und züchten Mikroben.
Sie versehn die Natur mit allem Komfort.
Sie fliegen steil in den Himmel empor
und bleiben zwei Wochen oben.

Was ihre Verdauung übrigläßt,
das verarbeiten sie zu Watte.
Sie spalten Atome. Sie heilen Inzest.
Und sie stellen durch Stilunter-
    suchungen fest,
daß Cäsar Plattfüße hatte.

So haben sie mit dem Kopf und dem
    Mund
den Fortschritt der Menschheit
    geschaffen.
Doch davon mal abgesehen und
bei Lichte betrachtet sind sie im Grund
noch immer die alten Affen.

Lene Voigt

Volkes Stimme

Eines schönen Sommertages hatte ich mich mit meinem Dresdner Kusinchen in Meißen getroffen, wo wir in einem Wirtshausgarten der Umgebung das Mittagsmahl einnahmen. Natürlich kam auch die Rede auf meine Buchkinder, und Kusinchen, das eine hochdeutsche Kinderstube genossen hatte, bestritt mir, daß die Sachsen tatsächlich das »K« gleich dem »G« aussprechen. Nun, es war ja nicht das erstemal, daß man von Dresden her den Zeigefinger gegen mich erhob und mir zu verstehen gab, so, wie ich sie schildere, wären die Sachsen gar nicht. Ich versicherte aus Überzeugung die Echtheit des »Ga«, ohne beim Kusinchen Glauben zu finden.

Schon wollte ich das Thema wechseln, als eine biedere Fünfzigerin uns zwei Disputierende mütterlich ermahnte: »Nich so viel baabeln beis Ässen, sonst wärn de *Gardoffeln gald!*«

Hans Soph

Wu stammt der Mensch oh!

Der Schusterfranz-Karl war e orndlicher un flessiger Ma. Er hot of seiner Fraa un of seine Kinner gehaltn, hatt e schiens Haisel un naabn senn Handwerk e bissel Landwertschaft. Er war aah net ofn Kopp gefalln un kunnt gut mit'n Maul fort un war deswaagn aah in Gemaarot drinne. Kurz un gut: E Ma, wie er in Buch stieht! Ober wie halt nischt of darer Walt uhne Fahler is, su war'sch aah mit'n Karl, daar hot aah senn Fahler gehatt. — Er hot naamlich e gruße Ahnlichkeit mit en Affn gehatt. Net när sei Gesicht, aah es ganze Gestellwerich un sei affnartige Geschwindigkeit hobn derzu beigetrogn. Dös hot'n Karl mannichsmol viel Ärger un Spott eigetrogn, ober weil er nu su e gute Gusch hatt, kams allemol esu weit, doß die, die wos ne foppn wolltn, salber de Gefopptn warn.

Emol mußt er fort, un weil nu der Bahhuf e wing weit entlaang war, kaam der Karl e bissel spet hi. Es war, wie mer sogt, de höchste Eisenbah! Der Schaffner, dar ne Karl gut kennet, hot'n gleich in Woog'n neigestoppt un es Zügl ging fort. Der

21

Karl, dar in den Woog'n meh neigekugelt als gestieg'n is, wollt aagntlich zwaamol zwaater fahrn, war ober in aamol zwaater neigerotn. »Na, is ganz egol, meh bezohl ich aah net«, dacht er bei sich un machet sichs gemütlich.

Do drinne soß'n nu zwa rachte lackierte Bossen, net ze alt, ober noch'n Karl seiner Ahsicht war'sch nischt Gescheit's. Die Kerln hattn kaum dan Ma gesaah, do finge se mit enanner e Gespräch a: Der Mensch tät vun Affn ohstamme . . .

Aha, denkt der Karl, do haaßts itze aufpassen, de Ohrn spitzn un de Zung derquar in Maul namme. Er tut ober net dergleichn, zünd sei Pfeifl a, stützt sich of senn Stackn un guckt zen Fenster naus.

Die Bossen wurn do ober immer haftiger, su doß en Karl angst und bang wur vun dan gelahrtn Gelatsch. Es hot'n schu förmlich de Haar ze Gebarg gezugn, wann er net e sette feste Mütz ofgehatt hätt.

Endlich hot doch een vun die zwaa Bossen der Haber gestochn, un er sogt zen Karl: »Nun, lieber Mann, was sagen Sie zu unserer Unterhaltung, sind Sie auch der Meinung, daß der Mensch vom Affen abstammt?« —

Do stieht der Karl auf, stellt sich in senner ganzn Größ vor die Zwaa hi, nimmt sei Pfeifl aus'n Maul un sogt: »Horcht emol auf, ihr Bossen! Ich bi zwar net esu gestudiert wie ihr, bi när nei der Dorfschul gange, ober wu ich ohstamm, dös waß ich ganz genau. Denn meine Eltern, Gruß- un sugar Urgrußeltern, die ich noch gekennt ho, dös warn alle schie gewachsene Menschen, gerod esu wie ich. Wenn ich ober eich zwaa asaah — miet die lang Flaadn, die rundümedümm ohgeschnittene Haar üm, de Ohrn un die grußn Glotzbrillen of de Nosen, do werds bei eich schu stimme, doß ihr von de Affn ohstammt. Denn eire bucklete Verwandtschaft ho ich gar net gekennt. Eich rach'n ich ober ze de Brillenaffn!«

Der Zug hielt, der Karl steigt aus un läßt die gelahrtn Bossen wetter drüber noochdenken, wu se ohstamme.

22

Joachim Ringelnatz

Eines Negers Klage

Ich bin in Sachsen als Neger geboren,
Zickzackbeinig und unehelich.
Meine Eltern habe ich schon früh
    verloren.
Beide haben mich sehr viel geschlagen,
Aber niemand bedauerte mich.
Aber das hat nichts zu sagen.

In der Schule war ich sehr borniert.
Später ging mir's immer besser.
Denn da wurde ich als Feuerfresser
Nach Bilbao engagiert.

Darauf war ich jahrelang Reklame
Für den besten Schuhputz auf der
    Welt.

Und dann hat mich eine reiche Dame
Bei dem Oberkutscher angestellt.

Aber diese Stellung werde
Ich verlassen, weiß nur noch nicht, wann
Weil ich, wie die Dame meinte, Pferde
Nicht von Eseln unterscheiden kann.

Aber das hat nichts zu sagen,
Denn ich merke, was die Dame meint,
Und ich habe schon so viel ertragen,
Und ich habe oft für mich geweint.

Und am liebsten ginge ich nach Sachsen,
Wo die Menschen immer anders sind.
Denn ich bin dort einmal aufgewachsen.
Und ich hieß damals das Negerkind.

Blanckmeister

Die Weinproben

Der Meißner Landwein genießt draußen herum nicht gerade des besten Rufes, wie männiglich weiß. Man sagt, er gehöre mehr zur Familie Essig als zur Familie Wein, und einer hat behauptet, der Trank, den Wilhelm Müller in seiner Ballade »Est est« erwähnt,
  »Welcher leicht wie Wasser wog

Und die Lippen schief ihm zog«
sei Meißner Landwein gewesen.
Daß der Meißner Wein entschieden besser ist als sein Ruf, das geht aus folgender Geschichte hervor.
Es war in den Zeiten des Siebenjährigen Krieges, daß ein österreichischer Offizier bei einem Weinbergbesitzer in der Nähe

von Dresden einquartiert war. Der Offizier hatte eine durstige Leber und eine feine, dünne Weinzunge, die durch jahrelange Übung immer feiner und dünner geworden war. Er verlangte Wein, guten Wein, starken Wein, den besten Wein, den man habe.

Nun hatte der Quartiergeber in seinem Keller ein einziges Stückfaß liegen; es war gewöhnlicher Wein vom Elbgelände, geerntet im vorigen Jahr. Er nahm die Kanne, stieg die Kellerstufen hinab, ließ aus dem Fasse die Kanne voll laufen und brachte sie dem Gaste mit den Worten: »Das ist ein guter Tischwein, Herr Hauptmann, wohl bekomm's!«

Der Hauptmann sagte: »Habe die Ehre«, nahm die Kanne und leerte sie, denn er hatte nicht nur eine durstige Leber, sondern auch eine Kehle von grausam weitem Durchmesser und einen recht geräumigen Magen. Nachdem er den Wein getrunken, schnalzte er mit seiner dünnen Zunge und sagte: »Freund, habt Ihr denn nicht noch einen bessern als diesen? Dieser da war doch etwas rauh; hinterher schmeckt man's erst.« Und nun zählte er alle die Sorten auf, die er da und dort getrunken und rühmte ihre Eigenschaften.

Der ehrliche Sachse verschrak und wurde verlegen, aber dieweil er nicht auf den Kopf gefallen war, so faßte er sich schnell wieder und bemerkte höflich:

»Es wird mir ein Vergnügen sein, Euer Gnaden, noch ein besseres Weinchen vorzusetzen.« Damit nahm er die Kanne, stieg abermals die Treppe hinunter, füllte nochmals sein Gefäß und trug es dem Kriegsmann mit der durstigen Leber und der feinen Zunge auf mit den Worten: »Wie schmeckt Euch dieser?« Dabei nannte er alle die guten Eigenschaften her, die dieser »bessere« Wein an sich habe und der vorige nicht.

Der Hauptmann setzte an und kostete und trank und sagte: »Der läßt sich eher trinken, wenigstens ist er besser als der erste; ein bissel milder wenn er wäre, so könnte das nichts schaden.«

Bei diesen Worten nahm der Quartiergeber die Kanne zum dritten Male und sagte: »Wenn's Euch beliebt, ich hol' Euch gern einen milden.« Der Kriegsmann wehrte zwar scheinbar ab und rief: »Bemüht Euch nicht!« — aber der Sachse brachte doch seinen milden — aus seinem Stückfaß, und als der Offizier davon gekostet hatte, rief er begeistert aus: »Jetzt habt Ihr den rechten getroffen!« Und selbst als der dienstfreige Wirt, um alle seine Weine verkosten zu lassen, einen vierten brachte, einen »starken« und »feurigen«, da meinte der Österreicher: »Nein, nein, der ist zu stark, der richtet höchstens Unheil an, bleiben wir bei dem milden!« So blieben die zwei bei dem milden und tranken selbander unterschiedliche Kannen davon aus und dem Kriegsmann mundete immer eine Kanne besser als die andere. Nachdem er aber genug hatte, sank er in einen wohltätigen Schlummer.

Als der Hauptmann mit der durstigen Leber des andern Tags nach dem Morgenimbiß wegritt, lobte er noch einmal den »milden«, wie köstlich und duftig er sei, und der Sachse gab ihm noch einen tüchtigen Schoppen zum Abschied. Und wie der Reiter abzog, da lachte der Wirt recht von Herzen, da ihm sein listiger Streich so wohl gelungen war; am meisten aber freute er sich, daß der Kriegsmann sich davongemacht hatte, ohne den Weinkeller zu besehen.

Item: Der Meißner Landwein ist gar nicht so schlecht, wie man ihm nachsagt, man muß ihn nur richtig zu kredenzen wissen. Auch sonst im Leben kommt's gemeiniglich darauf an, daß man dem Kinde den richtigen Namen gibt.

Mundus vult decipi, ergo decipiatur, sagt der Lateiner; will sagen: wenn einer nun grad' durchaus betrogen sein will, gut, so mache man ihm auf Wunsch ein X für ein U. —

Bartholt Senff

Der Meßfremde

Jedem armen Erdensohn, der ein lediges Herrenlogis bewohnt, dem rate ich wohlmeinend, wenn er nicht allzu sehr für das gesellschaftliche Zusammenleben eingenommen ist, daß er in der Messe seine Zimmer sorgfältig verschließe, denn er wird sonst eines Abends in seinem Bett einen Meßfremden finden. Oder es kann ihm auch passieren, daß er morgens fröhlich und wohlgemut ausgeht, und des Abends, wenn er heimkehrt — ist er ausgezogen. Der Meßfremde ist der einzige Unvermeidliche in Leipzig; alles ist vergänglich auf dieser Welt, der Meßfremde nicht, er geht richtiger als die Sonne. Vierzehn Tage vor der Messe schreibt der Meßfremde erster Größe an seinen Wirt, daß er kommen werde und in acht Tagen ist er wirklich gekommen. Der Meßfremde letzter Größe kommt ungeschrieben, alle Jahre, jede Messe und wenn er abzieht, ist's allemal eine schlechte gewesen.

Die Messe ist schön, aber die Meßfremden verderben sie uns. Sonst freute ich mich immer herzlich auf die Messe, weil

25

es da ein buntes lustiges Leben war, damit ist's vorbei, ich kann jetzt auch die Meßfremden auswendig, wo soll da die Freude herkommen! Es sind immer dieselben Gesichter, nur etwas müder sind sie geworden; es sind immer dieselben Röcke, nur etwas schäbiger kommen sie mir vor.

Man sagt: das Reisen bilde; es ist möglich, aber dann sind die Meßfremden Ausnahmen von der Regel, denn die werden alle Jahre gröber und unausstehlicher. Sie scheinen nach und nach dahinter zu kommen, daß sie nicht wegen Leipzig, sondern daß Leipzig wegen ihnen da ist.

Man kann jedem Menschen in der Messe mit gutem Gewissen auf die Frage, wo man wohne, antworten: ich weiß es nicht, denn die Meßfremden werden immer zahlreicher und das Wohnen immer unsicherer. Es ist früh 6 Uhr und schon haben drei Meßfremde bei mir angefragt, ob ich zu vermieten wäre, d. h. meine Stube; ich stehe nicht dafür, daß man sich in den nächsten Stunden ihrer mit Gewalt bemächtigt. Rechts und links höre ich meine beiden Nachbarn kopfrechnen und leichte Dukaten wiegen, über mir packt ein Meßfremder Pfeifenköpfe ein, vom Hofe aus dringen meßfremde Flüche an mein Ohr, unten auf der Straße sehe ich einen meßfremden Tischler Hochzeitsbetten verkaufen; die

Treppe scheint zur Reitbahn geworden. Das tappt so schwer, das zählt und rechnet und handelt und packt und flucht. — O weh, schon wieder ein Meßfremder, er wünscht, daß ich gestern abend auf der Treppe seine Brieftasche mit Wechseln und Kassenbilletten gefunden haben möchte.

Der Meßfremde stört in Leipzig alles und läßt sich durch nichts stören; die Familien räumen ihm ihre schönsten Zimmer ein, ziehen sich in ein enges Hinterstübchen zurück und nehmen keine Besuche an. Die Studenten müssen wegen der Meßfremden in die Ferien, im Theater und im Speisehaus gibt's erhöhte Preise, im Kaffeehaus wie im Rosental bei Kintschy bekommt man keine Tasse Kaffee, man muß eine Portion trinken, an der eine ganze Familie außer der Messe genug hat; keine Tasse Tee, man muß ein Glas akzeptieren. Und dies bloß wegen des Meßfremden, weil der bezahlen soll, daß ihm die Augen übergehen — und das mit Recht, denn er ist zu ennuyant. Und wie viel stille heimliche Freuden stört der Meßfremde, wie viel zarte Verhältnisse zerreißt er mit stoischer Gleichgültigkeit und pfuscht ehrlichen Leuten ins Handwerk ganzer drei Wochen.

Du bist verreist gewesen, teurer Leser, du kommst zurück in der Dämmerstunde, du hast sie so lange nicht gesehn, dein erster Gang zu ihr. Du stürzt in ihre

Stube, breitest deine Arme aus: »Pauline, du endlich wieder mein!«

»Karl, hast du ihn getroffen, hat er bezahlt?« tönt eine kratzige Stimme und ein paar freudetrunkene Fäuste packen dich, daß alle Knochen knacken. Es war ein Mißverständnis, du liegst in den Armen des eingezogenen Meßfremden, der dich für seinen Meßhelfer (Diener) hält.

Es ist umsonst, daß du einem Meßfremden im Speisehaus begreiflich machst, der Platz, wo die Serviette mit dem Perlenband liegt, sei der deine, hergebrachte, abonnierte — es rührt ihn nicht, er wischt sich den Mund doch mit der abonnierten Perlenbandserviette. Es ist umsonst, daß du den Meßfremden im Parterre des Theaters darauf aufmerksam machst, daß jener Platz, wo das seidene Taschentuch liegt, besetzt sei, er wirft es doch herunter und setzt sich auf deinen Platz. Lieber Leser weine nicht, es ist vergebens und der Meßfremde dauert nur drei Wochen.

Wenn du an einem Wochentage ordentlich, solide Kommis stolz spazieren gehen siehst, dann ist das berühmte Leipziger Scheuerfest, wo die Läden gereinigt werden, und dann ist der Meßfremde nicht mehr fern. Wenn du aber in der Grimmaschen Straße eine dauerhafte Berliner Kammacherstimme vernimmst, wenn du dort zwei aufs Haar gehende Cylinder-Damen wandeln siehst in blauseidener Enveloppe aus * * *, die neue Moden einkaufen für die Heimat, wenn du getreten, gestoßen, mit dem Akkordeon angespielt und auf noch hunderterlei Weise malträtiert wirst, dann kannst du annehmen, daß der Meßfremde wirklich da ist.

Ja, nochmals, die Messe ist schön, mit ihrem bunten lustigen Treiben und Leben, mit der Menge schöner Frauen und Mädchen — aber der Meßfremde, der echte, wahre Originalmeßfremde, der ist ungeheuer fatal. Es ist unter jungen Leuten eine der größten Beleidigungen, wenn einer den anderen sehr »meßfremd« findet.

Die Fremden sind die interessantesten Menschen auf der Welt, denn sie sind uns neu, keine abgetragenen Bekanntschaften — der Meßfremde aber ist kein Fremder, die Messe ist seine Heimat geworden, sein Zuhause; er geht von Leipzig nach Braunschweig, nach Frankfurt, nach Naumburg und wieder nach Leipzig, es bleibt ihm alle Jahre kaum so viel Zeit, seine Familie zu vermehren; immer unterwegs, um Geld zu verdienen, ein ewiges Ein- und Auspacken, das mag freilich den liebenswürdigsten Menschen mürbe und verdrießlich machen und es ist kein Wunder, wenn sich der Meßfremde so unausgeschlafen benimmt.

Edwin Bormann

Amselfall. Blick vom Ferdinandstein

»So'n Dings heißt Wasserfall? oho?!«
Rief Mister Jones aus Buffalo.
Bescheidene Begriffe das!
Nehm' ich des Niagaras Naß
und dividier's durch 'ne Million
Dann hab' ich so ein Fällchen schon.«

Da sprach ä Herr, der stand dernewen:
»Jedoch in eenen Bunkt nu ewen

Reecht diesen Fall, behaupde ich,
Der Niagara 's Wasser nich.
Er is Sie (nehm' Se 's nur hibsch gietlich!)
Nich ä Milljonstel so gemietlich.«

Lene Voigt

Der gehetzte Untermieter

Skizze vom Leipziger »Dauch'schen«

Als ich noch ein Kind war, erwarteten wir einmal gegen die Septembermitte einen neuen Untermieter, der aus einem kleinen Ort im Spreewald zu uns ziehen wollte. Mutter hatte alles hübsch zurechtgemacht in dem freundlichen Stübchen, und auch der Blumenstrauß zum Willkommensgruß fehlte nicht. Wer aber nicht zu kommen schien, war unser neuer junger Mann, der sich für 8 Uhr abends angemeldet hatte. Als er $^1/_2$9 Uhr noch immer nicht in Sicht war, schickte man mich hinunter auf die Straße für den Fall, daß der Neue unsere Hausnummer verschwitzt haben sollte und nun etwa planlos auf der langen Dresdner Straße umherirrte.

Ich war durchaus nicht böse, zu dieser Mission bestimmt zu sein, denn wir hatten ja gerade den »Dauch'schen«, der mir nächst dem Weihnachtsfest das freudigste Ereignis des Jahres bedeutete. War ich mit meinen zwölf Jahren auch schon zu groß, um noch mit dem Papierlaternchen umherzuziehen, so mischte ich mich doch gar zu gern unter die phantastisch verkleideten Schreckgestalten, die alljährlich an diesem denkwürdigen Abend die Straßen unsicher machten.

Zumal den langen Fritze Mauersberg, meine erste Mädelliebe, hoffte ich bei dieser Gelegenheit zu sehen, denn er hatte mir auf dem Schulweg anvertraut, heute als Indianerhäuptling »*Grausame Gurke*« sein Unwesen zu treiben.

Schon an der nächsten Straßenkreuzung hörte ich ein Kriegsgeschrei, dessen gräßliche Laute mir beseligend durchs Gebein rieselten. Offenbar war die Schlacht zwischen den Gabelsbergern und den Senefeldern, von der mir Fritze gleichfalls Andeutungen gemacht hatte, bereits in wildestem Gange. Aus den begeisterten Worten einiger anderer Jungen erfuhr ich sodann, daß gerade der Durchgang zwischen den beiden Straßen gestürmt werden sollte. Die Gabelsberger, die schon fast bis zur Mitte des Ganges vorgedrungen waren, würden bestimmt von den verstärkten Senefeldern gleich zurückgeschlagen werden. Kampfgeheul, Trommelwirbel und anfeuernd explodierende Frösche und Schwärme gaben die Begleitmusik des spannenden Ereignisses. All das übertönte aber soeben ein vielstimmiger Donnerruf aus rauhen Jungenkehlen: »*Ä Schbion! Ä Schbion!*« Dunkel wälzte sich

29

jetzt die Masse der Indianer heran, die einen schmächtigen jungen Mann mit einem Köfferchen vor sich hertrieben, der vollkommen verdatterten Gesichts hin und wider sprang. Schon wollte »Grausame Gurke« sich seines Gepäcks bemächtigen, als ich jäh in dem Verfolgten den von uns daheim erwarteten Herrn Benasch erkannte.

Im allgemeinen sollen ja nun die Männer die Beschützer von Frauen sein. Aber da ich ein sehr kräftig entwickeltes Mädchen war, der arme Benasch hingegen ein äußerst schmalbrüstiges Kerlchen, mußten in diesem Sonderfall die Rollen wohl einmal vertauscht werden. Und so warf ich mich furchtlos »Grausame Gurke« entgegen und rief dem Indianertrupp mit meiner hellen Mädelstimme ein gebieterisches »*Haltemal alle mitänander!*« zu.

So etwas war dieser Heerschar wohl noch nie in ihrer Praxis geboten worden, denn tatsächlich blieb die Rotte vor Verblüffung stehen und starrte mich aus offenen Mäulern an.

Ich erklärte nun der mich dräuend umzingelnden Bande, daß unser junger Mann erst heute abend von auswärts eingetroffen sei und keine Ahnung von den hiesigen Verhältnissen habe, also für Spionagezwecke einfach nicht in Frage kommen könnte.

»Nu, warum ziddernse denn dann so, wennse gee beeses Gewissen hamm?«

So erkundigte sich noch zweifelnd der Häuptling, der den zierlichen Benasch gut um einen Kopf überragte.

Jetzt endlich kam unser künftiger Hausgenosse auch einmal zu Wort: »Oh, ich erlebe heute den ersten Abend in der Großstadt und konnte nicht wissen, daß es da so toll auf den Straßen zugeht. Darum wollte ich dort in der Nische vom Torweg warten, bis das Schlimmste vorüber war. Und da überraschten mich hier diese — diese verkleideten Herren.«

Ungeheuer geschmeichelt, also bezeichnet zu werden, nahm »Grausame Gurke« die Miene eines Gönners an und klopfte Benasch wohlwollend auf die Schulter, daß dieser sich leicht duckte.

»Na, da loofense nur ruhich weiter! Jetz gommse mir ooch nich mähr wie ä Schbion vor. Dazu hammse zu wenich Mumm.«

Die Rotte gab uns die Bahn frei, und ich beeilte mich, Mutter ihren Untermieter nun endlich zuzuführen. Unterwegs befragte mich dieser ängstlich um die hiesigen abendlichen Gepflogenheiten der reiferen Jugend und war geradezu beglückt, zu erfahren, daß der heutige Rummel ein Ausnahmezustand darstelle. Denn für den Ärmsten schien es nichts Fürchterlicheres zu geben als laut explodierende Feuerwerkskörper und wüstes Geschrei. Man hatte ihm allerdings schon erzählt, daß die Sachsen ein ziemlich wilder Volksstamm seien, aber sooo hätte er sie sich doch nicht vorgestellt. »Grausame Gurke« freilich zürnte mir noch wochenlang, denn das Zwischenspiel mit Benasch, das immerhin einige Minuten währte, hatte unterdes die Gabelsberger unbeobachtet in Deckung heranschleichen lassen, so daß die Entscheidungsschlacht im Durchgang zuungunsten der Senefelder ausgefallen war. Und daß »Grausame Gurke« dies erst ganz nach und nach verschmerzen konnte, wird jeder begreifen, der einst als Junge Indianerehre im Leibe hatte.

Kissemich

Vergleiche zwischen Saksen und Borkum

Ärgerlich uff de ganse Insel schlendere ich an Schtrande hin un guke so recht seehnsicht'g uff's Meer naus, in der Richtung, wo mei scheenes dheires Saksenland liegt, also sidestlich. Ich hadde gerade än kleen'n Ahnfall vun Heemweh un dachte, jetzt drinkt nu Gustel gans älleene ihr Schälchen Heeßen un ißt änne Budderbemme derzr: 's is nur gut, daß se änne geborne Bleibdrei is, da brauchst de wenigstens in der Hinsicht keene Sorge ze tragen, denn als Frau Kissemich is se immerhin mancher Versuchung ausgesetzt.

Da schbrichd uff eemal änne bekannte Schtimme hinder mir: »So schöne Jegend haben Sie man in Sachsen nicht!«

Blitzschnell drehe ich mich rum, da hat sich uff den weechen Sandboden der dicke Berliner unbemerkt an mich rahngeschlichen. Den Kerl hadde ich abber gefressen vun wegen den Schtrandgute, der trafs gerade recht bei mir.

»Sagen Se mal, mei Gutster, was is denn hier an der Gegend Besunderes, was mir in Saksen nich hädden? Mee'n Se vielleicht den Kistensand hier? Nu, här'n Se, Sand ham mer doch in Saksen alle orten, Scheiersand, Schtreisand, Schtuhmsand, da kenn'n m'r Se soviel in de Oogen schtrein, wie Se nur ham wull'n.«

Der Berliner wullte äwas sagen, ich ließ'n abber gar nich ze Worde kumm, sundern fuhr in mein'n Eifer fort: »Was liegt hier unter den Sande? Nischt wie Sand un widder Sand, während Se in unsern Saksenlande Silber, Kupfer, Erze, Schteenkohlen, Braunkohlen un andre nitzliche Sachen ahntreffen, da is m'r mei Saksen vun hinden lieber als die eede Insel von vorne. Das Salzwasser hier is doch ooch

31

weiter nischt exdraes, mir ham in Saksen in unseren Bädern, in Elster, Lausig, Wulkenschteen un wie se alle heeßen, Eisen-, Schtahl- und Kohlensaureswasser.

Am deitlichsten sähn Se den Unterschied, wenn Se in de Muscheln guken, hier is ä bischen ekelhafte Schmiere drinne, bei uns in Saksen finden Se werdfulle Berlen in'n Muscheln, ham Se noch nischd von der Bedeitung der säcksen Berlfischerei geheert in der Elster, welche kullesale Summen in unseren säcksen Staatssäckel liefert?

Nu fulgends de Seemeeven, die hier rumfliegen, die kumm for Hunger bis in de säcksen Deiche un fressen uns das bischen Karbensatz weg; m'r ham also vun der Insel blos Schaden.

Doch in andrer Hinsicht schteht mei Saksen obenahn, bedenken Se nur die bedeitende Schiffahrd uff der Elbe; aller Vertelschtunden geht ä Damfer in de säcksche Schweiz. Vun Keddendamfern, die 's hier gar nicht gibbt, will ich noch gar nich reden.

Die beeden Leichdärme, die se hier ham, machen 's Kraut nich fedd, da sin bei uns in Saksen die merschten Kirchdärme scheener un unsre Därmer sähns glei, wenn ergendwo ä Feier ausbricht; hier der Leichdärmer sieht nich ämal nischt, wenn ergendwo ä Unglick bassiert.«

Das war mein'n Berliner abber außern Schbaße — der war gans bäff.

Wie ich nach änner Verdeltschtunde widder dort vorbeikam, schtand der noch uff der nämlichen Schtelle un schberrte noch Maul un Nase uff. Den hadde ich abber än Begriff vun unsern Saksenland beigebracht; de Berliner missen nur nich immer denken: »'s is jar nischt jejen Berlin.«

Viktor Helling

»Fimf-Uhr-Dee!«

Das is der Gipfel! Wärklich, 's is de
    Heehe!
Sagt mir 'ne Dame (die mit mir
    begannt!):
»Gomm 'Se doch mal bei uns zum
    › Fimf-Uhr-Deee! '«
(Mir wurde's gleich vorn Oogen
    blimmerant!)

»Dee?« schbrech' ich, »Dee?« (Das wär'
    'ne neie Mode!)
»Das hieße Umschturz!! Nee, warum
    nich gar!
Dee schlierfte frieher heechsten der
    Bagode
Un der Bollacke aus 'm Somowar.

Un dann › um Fimfe ‹? — Wissen Se, ich
    schbiere
Den scheensten Durscht Sie so um
    Dreie 'rum,

(Ewenduell ooch mal ä värtel Viere)
Doch schbäter? — nee, käm' meiner
    Frau ich dumm!

Bunkt Dreie sitz' ich auf mei'm
    Ganabee
Un im Rogogo-Däßchen dampft vor
    mir:
Mei liewer Gaffeh!! — Bleib'n Se mit
    Ihr'm Dee!
Bei mir is wärklich kee Bedarf dafier!!«

Anton Sommer

Ä Ratsel

Horch, Andrees, ech will d'r ämal ä Rat-
sel offgabe, probir 'sch, ob de 's raus-
kriechst. Gucke, 's sinn vier Silben. De
erschte ös rond; da zwäte un drötte besamm — ös a rond; de erschte, zwäte un
drötte besamm — ös a rond; de verte ös
a rond; un alle vier besamm — ös a rond.
Was ös änn das?
Noch ech sieh der 'schonne an Gesichte
an, daß de 's nech rausbröngst, du Drih-
nöckel, zermarter dei Geherne nech, ech
will der 'sch sa: das ös d'r Ardäpfelklus.

Wie's an Dras'ner a Sohland gegang'n is

Sis mr no su wie hoite. Dos miss'n oaber schun a Juhrer ellfe har sein, wie dar Dras'ner Herre koam und froite noa Bihm's Gohann. De gonze Wallt weeß, wu dar is; oalle Kind'r kenn'n ju und do kont mr seck ne glei Bescheed gahn, wie dar Dras'ner wiss'n wullte, wu Bihm's Gohann wär. Sahn Se, dos wor su: Ich wor a grod a'n Gartl und pfluockte Pflaum'n vo'n Boome. Doa wird off amol a Herr mich froin:

»Lieber Freund! Können Sie mir zufällig Auskunft ertheilen, wo Herr Böhme wohnt?«

Ich drähte mich rim und soite:

»Gunn Toaag o! wos fer an Bihme meen' S'n? Wie heeßt ar mit'n Virnoam'n?«

»Er heißt Johannes:, soit'r.

»Gohann? Gohann?« soit ich su fir mich hi und sann driber noa. »Doa meen Se wull dan Gohann Bihme a Noimittelsohland! — hirschte Gätte!« soit'ch iber menne Froo, die hoatte groade Wäsche drnab'n — »weeßte ne, wu Bihms Gohann is?«

»Nu«, meentse, »a Oißerschtmittelsohland is a Gohann, dar is zu Walper hargezoin.«

»A Äbersohland is o a Gohann Bihme« — rief mei Nubber riber, dar'sch gehurrt hoatte, woas mr undernandr hoatt'n.

Nu koam o Hullfeld drzu, ich meene dan Tischer und o Hölzl's Gottlieb vo Schimmch. Dar meente, dar Gohann Bihme wär a Windschsohland.

»Nee!« soite dar Hullfeld, »dos kon dar Bihme ne sein! Dar Herr wird wull zu dan Gohann Bihme a Niedersohland wolln. Zu dan kumm'se immer vo Dras'n har waig'n senner Bleeche!«

»Nein«, soite dar Fremde, »in Geschäftsangelegenheiten besuche ich Herrn Johannes Böhme nicht. Er ist mein Cousin und ich will ihm nur auf der Durchreise einen verwandtschaftlichen Besuch machen.«

»Nu!« meente Schwoorsch-Christjon, dar o mit drzu koam, »doa is's amende dar Bihme a Mittelsohland oader Bihm'ns Gohann a Noi-Übersohland?«

»Dar a Oißerschtmittelsohland«, soite de Gätte, »heeßt Gohann August Bihme.«

»Und dar a Windschsohland: Gohann August Läbracht Bihme«, meente Hölzl's Gottlieb.

»Nu, und dar a Äbersohland heeßt Gohann Läbracht Christjon Bihme«, soite Enner.

»Amende is's do dar a Niedersohland«, fing Hullfelds Traugot wider oa.

»Nee!« meente mei Nubber, »dos sein se

oalle ne! Dar a Äbersohland heeßt Go-
hann August Bihme, dos is a Tischer. Dar
a Mittelsohland heeßt Gohann August
Läbracht Bihme, dos is dar Bäck. Dar a
Niedersohland heeßt Gohann August
Christjon Bihme, dos is dar Schnaid'r.
Dar a Oißerschtmittelsohland heeßt Go-
hann August Traugot Bihme, dar hot a
Bauergutt. Dar a Noi-Äbersohland heeßt
Gohann August Gotlieb Bihme, dar hot
anne Noahrje. Dar a Windschsohland
heeßt Gohann August Traugot Adulph
Bihme, dar dan noien Kromerload'n hot.
Dar a Noi-Mittelsohland heeßt Gohann
August Korl Bihme, dar is —«
»Hallt« soit'ch nu; »dos is'r! dar Rich-
tersch Korle, dar hot an Kussäng a
Dras'n; dos hoat'r mir d'rzahlt!«
»Ju, dar is's:«, soit'n se nu Oalle, »dar
Richtersch-Korle!«
»Sahn Se«, soit'ch nu iber dan Fremd'n,
»dar is« — do dar meente, sei Kussäng
thät ne Richtersch-Korle heeßen.
»Dos is egoal!« soit'ch iber'n, »dos is'r,
Richtersch-Korle! Sahn Se, dan sei Gruß-
voaterschschwasternsuhn hieß Korle
und wor Urtsricht'r und dos Grundstück
gehirt itz dan Gohann August Korl Bihme, dan heeß mr ock Richtersch-Korle.
Dar is's! Se kinn'ch druff verluss'n! Sahn
Se, Se gihn grode su furt. Zäns an Zaume droa hi; drnoo gihn Se ne links, doa
komm'n Se bei Hän'sche, sundern
raachts, wu olläntchen die gruß'n

Poopl'n stihn. Drnoo gihts wider raachts
bei dan klenn Hois'l riber, wu de bloon
Fanst'rload'n sein. Drnoo komm Se uff
an kleen Flaack, doa gihn fimf Waige
oab, doa miss'n Se amol froin. Drnoo
könn Se goar ne fahl gihn; doa komm Se
zu an gruß'n noi'n Hause; dos is 's ne;
oab'r raachts hint'n doa stihn a Poar gruße Birk'n, vur dan'n links stiht dos Haus
wu Richtersch-Korle is. 's is a Gart'l droa
mit an gal'n Zaume; dos is's!«
»Dank Ihnen! Dank Ihnen vielmals!«
meente dar Fremde und ging furt.
Ich sahk'n anne Weile ano und wie'rn
Zaum hinter'ch hoatte, rief'ch'n no ano:
»Nanu raachts! noa dan klenn Hois'l zu!«
— (Dank Ihnen! Dank Ihnen!) — »drnoo
de Birk'n! vergass'n Se de Birk'n ne!« —
(»Dank Ihn'n!«) — — — »ock raachts
hal'n!« — — — »ne links!« — — —
»raachts!!« — — —. Nu wor ar wegk und
ich pfluockte wider meine Pflaum vuum
Boome.

Johann Endt

Die Gefoppten

In einem Dorfe schossen die Burschen zu Ostern bei der Auferstehung, was sie nur konnten. Der Pfarrer konnte das Schießen nicht leiden. Er dachte daran, es ihnen abzugewöhnen. Als wieder Ostern kam, sagte er zu den Burschen: »Schießt nur heuer, was ihr könnt! Das Pulver zahl' ich euch.« Die Burschen schossen, weil das Pulver nichts kostete, daß es nur so krachte. Auch im nächsten Jahre zahlte der Pfarrer den Burschen das Pulver. Wie aber das dritte Jahr Ostern kam, sagte er zu den jungen Leuten: »Heuer kann ich euch das Pulver nicht zahlen. Ich habe schlechte Einnahmen gehabt. Da müßt ihr euch das Pulver schon selbst kaufen.« »Wenn das so ist«, sagten die Burschen darauf, »keinen Schuß tun wir mehr.« So hat ihnen der Pfarrer das Schießen abgewöhnt.

August Langbein

Der Beinbruch

Bonnard erschien vormittags allezeit und überall als ein artiger und liebenswürdiger junger Mann, nachmittags und abends aber nicht immer. Er war, in Rücksicht der den alten Germanen so oft vorgeworfenen Liebe zum Trunk, ein eifriger Deutscher, und kannte kein süßeres Vergnügen, als die beliebten Lieder: »Genießt den Reiz des Lebens!« und: »Bekränzt mit Laub den lieben, vollen Becher!« in lustiger Gesellschaft zu singen und eine Flasche Wein dabei anzustechen. Wär' es nur bei einer geblieben, so würde niemand etwas dagegen ge habt haben, da es seine Einkünfte erlaubten. Allein es hieß immer: Man steht nicht auf einem Beine; und: Aller guten Dinge müssen drei sein.

Oft wußt' er sogar die vierte, fünfte und sechste Flasche mit solch Sprichwörtern und Beweisstellen zu belegen.

Seine Mutter und Geschwister, mit denen er noch gemeinschaftlich zusammen wohnte, hatten fast jede Nacht den Kummer, ihn bezecht nach Hause kommen zu sehen. Ihre dringendsten Vorstellungen blieben fruchtlos, und sie glaubten, seine Völlerei sei unheilbar.

Ebenso dachte Laura, Bonnards Geliebte. Nach unzähligen kleinen Zwisten darüber kam es endlich zwischen den beiden Liebenden, die fast so gut als verlobt waren, zum völligen Bruch.

Seitdem fiel er noch tiefer in Bacchus Schlingen. Er hatte bisher, aus Achtung gegen Lauren, wenigstens den äußerlichen Schein von ordentlicher Lebensart beibehalten; nun aber ward er ein schamloser, stadtkundiger Trunkenbold. Es verging keine Nacht, daß er nicht eine Schlägerei mit den Scharwächtern gehabt, oder in einer Wachstube den Rausch ausgeschlafen hätte. Seine Gesundheit fing dabei sichtbar an zu leiden, und sein Vermögen schmolz. Kurz, er stand am Rande des Verderbens.

Das schmerzte zwei redliche Freunde von ihm, die zwar oft an seiner Seite tranken, sich aber immer in den Schranken der Mäßigkeit hielten. Sie vereinigten sich, den Zecher durch ein ungewöhnliches Mittel zu bessern.

In dieser Absicht gingen sie eines Abends mit ihm in einen Italienerkeller und stellten sich von besonders guter Laune. Bonnards Lieblingsweine wurden aufgetragen. Man ließ ihn trinken, so viel er wollte. Er berauschte sich wacker. Gegen Mitternacht rieben sich seine Gesellschafter die Augen, gähnten und schliefen ein. Ihm war es lieb, daß er nun, ohne von ihnen gescholten zu werden, noch eine Flasche trinken konnte. Eh' er aber damit fertig war, stieg seine Trunkenheit auf den höchsten Grad, und er fiel endlich selbst, von allen Sinnen verlassen, in einen festen Totenschlaf.

Jetzt erwachten seine Freunde von ihrem nur verstellten Schlummer und rüttelten und schüttelten ihn. Zu ihrem Vergnügen ward er nicht munter. Sie riefen nun einen von der Sache unterrichteten und im Nebenzimmer verborgenen Wundarzt herbei. Dieser brachte Schienen und andere bei einem Beinbruch nötige Gerätschaften hervor und schnürte das gesunde rechte Bein des Schläfers so scharf zusammen, als ob er es höchst gefährlich gebrochen hätte. Hierauf spritzten sie ihm Wasser ins Gesicht und erhoben ein klägliches Geschrei. Er fuhr darüber empor, griff schnell nach dem Beine, das die Schienen drückten, und wollte vom Stuhl auf. Sie hielten ihn aber fest und schrien ihm zu: „Unglücklicher, rühre dich nicht! Du hast Schaden genommen! Wir sind vorhin kaum eingeschlummert, so taumelst du sinnlos herum, stürzest die Treppe herunter, brichst das Bein und fällst zugleich in Ohnmacht. Wir erwachten darüber, hoben dich auf und ließen dich verbinden. Rühre dich ja nicht! Es ist schon ein Tragsessel bestellt, dich nach Hause zu bringen."

Bonnard war ganz außer sich. Seine Einbildungskraft vergrößerte nun den Druck der Schienen zum Schmerz eines wirklichen Beinbruchs; er hatte keinen Gedanken, daß die ganze Geschichte nur ein Märchen sei, und ließ sich jammernd heimtragen.

Hier empfing ihn seine Familie, wie es verabredet war, weinend und wehklagend. Er ward nun vier Wochen lang vom Wundarzt besucht, und sein Bein in einen Kasten gesperrt, wo es sich nicht rühren und gar nicht zur Überzeugung seiner Gesundheit gelangen konnte. Ein so langes Ausharren auf einer Stelle war für den armen Mann unerträglich. Er verwünschte den Wein, als den Urheber seiner Leiden, und tat ein Gelübde, sich nie mehr zu berauschen.

Nach Verfluß eines Monats kündigte der Wundarzt ihm endlich an, daß die Heilung vollendet sei. Es war lustig zu sehen, wie er bedächtig und gleichsam auf Eiern ging, um das gebrochene Bein zu schonen.

Sein erster Weg war zu Lauren, die er um Vergessenheit des Vergangenen und Wiederschenkung ihrer Liebe bat. Sie versprach beides unter der Bedingung eines nüchternen Probejahres. Dieses hielt er mannhaft aus, ward alsdann Laurens Gatte, und blieb zeitlebens ein ordentlicher, gesitteter Mann, der niemals mehr trank, als er vertragen konnte.

Erst nach vielen Jahren erfuhr er den Streich, der ihm gespielt worden war. Er dankte seinen Freunden herzlich und fing nun erst wieder an, auf dem rechten Beine, dessen Anstrengung er bis jetzt immer noch mit lächerlicher Sorgfalt vermieden hatte, fest aufzutreten.

Ein Schauspieler, welcher in einem Stücke einen gedungenen Mörder in dem Augenblicke, wo dieser sein Opfer niederstoßen will, den Dolch mit den Worten: »Halt ein, du blutdürstiger Wüterich!« entwinden mußte, versprach sich bei dieser Szene und rief, zur nicht geringen Belustigung der Zuschauer: »Halt ein, Du blutwürstiger Dieterich!«

Otto Grune

Erschöpfende Auskunft

Am Ostermorgen schlendere ich, genuß-
süchtig wie ich nun einmal bin, durch
die Anlagen. Da kommen mir zwei leise
im Winde schwankende Gestalten entgegen, denen man auf zwölf Meter ohne
Fernrohr ansehen kann, wie sehr sie sich
in der letzten Nacht auf das Osterfest ge-
freut haben.

Der eine bemüht sich, sein etwas gestör-
tes Gleichgewicht an einer Bank wieder
in Ordnung zu bringen, hebt bedächtig
den Arm und zeigt beharrlich ins Grüne.
Der andere folgt nachdenklich der Richtung des Zeigefingers: »Was issen?«

»Saachemal, was issn das da fier ä märg-
wirdchr Voochl?«
»Wo denn?«
»Nu da!«
»Wo dennur? Ich gann gee Voochl sähn!«
»Nu da driehm, glei nähmdn Baum!«
»Ich säh nischt. Wie siehtrn aus?«
»Schwarz.«
»Emmende midde gelm Schnawl?«
»Ja.«
»Siehtern aus wie'ne Amsl?«
»Ja.«
»Ja — (Pause) — ja — (Pause) — dann isser
ooch eene!«

Jo Hanns Rösler

Zwölf Nerze

Zwölf Nerze kamen in den Himmel. Sie
hatten im Leben nichts vom Leben gehabt. Man hatte sie für Mannequins und
Modenschauen gezüchtet und gefüttert,
gefärbt, geschoren, platiniert und blon-
diert, zugeschnitten und verschnitten,
gedehnt und gestreckt, gewalkt, geklopft, eingemottet und ausgemottet,
parfümiert und paraffiniert, auch foto-
grafiert. Zwölf Mannequins hatten sie
ausgeführt und vorgeführt, über die

Schulter geworfen und über den Arm getragen, in der Hand lässig hinter sich
über den Laufsteg gezogen, einmal das
Fell als Angabe nach außen, einmal das
Fell als doppelte Angabe nach innen.
Man hatte sie im Auto und im Flugzeug
quer durch die ganze Welt geschleppt, in
Schaufenster gehängt, in der grellen
Gletschersonne getragen, man hatte sie
sekkiert und schikaniert, aufgekrempelt
und umgekrempelt, man war mit ihnen

39

scharwenzelt und getänzelt, stolziert und paradiert, man hatte auf Erden wegen ihnen gestohlen, gelogen, betrogen, Bücher gefälscht und Ehen gebrochen. Zwölf Nerze, die im Leben nichts vom Leben gehabt hatten, kamen in den Himmel. Sie klagten Petrus ihr Leid. Der alte Petrus bedauerte sie tief, fuhr ihnen tröstend über ihr arg strapaziertes Fell und versprach ihnen für ihre Not himmlische Freuden. »Ich gebe euch einen Wunsch frei«, sagte er, »ihr dürft euch alle etwas Besonderes wünschen.«

»Etwas, wonach wir uns immer gesehnt haben?«

»Alles, was euch Freude macht.«

Die zwölf Nerze sahen sich erwartungsvoll an. »Dürfen wir uns zurückziehen und miteinander beraten?«

»Beratet euch gut!«

Da gingen die zwölf Nerze in eine Ecke, gleich hinter dem Mond, tuschelten lange und aufgeregt miteinander, dann kam der älteste und zugleich der schönste der Nerze, gefolgt von den anderen, zu Petrus zurück.

»Ja. Wir wissen jetzt unseren Wunsch.«

Da riefen die zwölf Nerze unisono: »Wir hätten jeder gern einen Mantel aus echt Mannequin . . .«

Friedrich Hartau

Ä Glä'schen Säggd und Viedamine

Als ich mir im Supermarkt eine Flasche Sekt in den Korb lege, höre ich hinter mir eine Stimme: »N' Gläsjen Säggd am Morchn iss guhd für'n Greislauf! Abr mr darf ooch die Viedamine nich vergässn, Haferfloggen mit Äbbel, äbn de richtche Mischung, drauf gommds immer an!«

Der alte Herr im Lodenmantel (schlohweißes Haar, Spitzbart und quicklebendige Augen) zwinkert mir zu und geht weiter. An der Kasse steht er vor mir.

»Na, Mäuschen, was habchn ze bezahln?«

Sich zu mir umdrehend, mir wieder zublinzelnd: »Hibsche Mädchen sieht mr immer gern, da gann man so alt sein, wie mr will!« und im Hinausgehen, mit einem letzten Blick auf die attraktive Kassiererin: »Gleener Deibel du!«

Draußen, sein Rad vom Halteständer holend, winkt er mich zu sich heran und hält dann mir, ohne auch nur einmal hörbar Luft zu holen, folgenden Monolog:

»Sähnse, die Viedamine, das isses A und

40

O von de ganze Langläbichgeid! Die Baggderchen, nu die missen ja sein. Baggderchen brauchd mr zum Läbn wies dägliche Brod, ja noche viel mär! Abr de falschen muss mr döhdn und de richdchen im Görber rumdurnen lassn! De Naduhr machd das schon richt'ch, wmmr ihr n' bißchen ze Hilfe gommd, heesd das. Abr dadrzu muß mr sich äben ausgennen und das duhn de wenichsden. Ich binse ja firm in där Madärche, ich bin Diblomlandwird und Baggderjologe, ich hab mich main Läbn damidde beschäfdchd, mai Vadr war ja noch braggdischer Landwird, där had mid ainem Pflug gearbeided, 'ne Sondergonstruggdjon, denn man muß ja de Ärde fimfensiebzch Zendimedr dief noch ämal aufloggern, dasse geniechend Luft grichd, dann kippt sie ooch was här. Se wärn sich wundern! Mir haddn aine Schdaadsbacht, aine breußische Domähne, finfzn Gilomeder von Laibzch weg, aber s'war 'ne breuss'che Domähne, da schdaunse was? Dorde habch bis ze dausend Schwaine gehabbd. Ainmal, da haddch 'n Äber, der hadde 'n Schdammbaum, da gommd gee Graf mid! Die Müddr ham immer . . . na so an die 18 Färgeln geworfn, där gam zwaidausend Margg, abr die war er wärd, ich habbn ja middn Wächsel bezahld und s' war schon Anfang der Infladjohn, da issr dann gar nich so doier gewordn. Nu un middäm

41

Äber, da habbch Ihnen eine Zuchd aufgebaud, da hamm alle nur Bauglödzer geschdaund. Da haddch ne Schweinefrau dadefür, aber bloß fier die Schdälle, de meisten habch ja im Freien gezochen, dänn Hiddse und Gälde und alles gennen de Schwaine verdrachn, nur nich geen nasses Lachr. Nasses Fuddr und droggnes Lacher, das iss de Dewiese! Und meine Schwainefrau, also der Mann hadde sich doodgefahrn, wail'r widder ma besoffn war, dass heesd, richdch doodgefahrn hadde där sich nich, är iss bloß beim Heuholen vom Bogge gegibbt und gechen was Hardes gegnalld und da sinn de Färde äbn ieber ihn drieber weg midsamd 'n Waghn und gahmen alleene nach Hause, da mußte nadierlich was fier die Widwe geschähn und darum habchse ausgebilded fier de Schdälle, zum Ausmisden begahm se noch ä Mädchen, zweemal de Woche, ä hibsches Ding, e bissel doof, aber zum Ausmisden hadd's gelangd, bloß bis die das gabierd hadde, denn mid däm Füddern das iss nich so ainfach, wie Se sich das vielleichd vorschälln, wächn der Viedamine, die brauchd der Mensch wie's Diehr, und da hab ich mir vom Schlachthof in Laibzch, die habn dorde das Ochsenbluhd so ainfach wegrinnen lassn, nu habbch mir, mir nisch dir nisch das Zoich inn'n krossen Poddich holn lassen, da hamm meine Schwaine ärschdma Turchfall gekriechd, bis'ch das där Frau als Baggderjologe orndlich beigebrachd hadde, nähmlich de richdche Mischung mit Gleie, denn Ochsenbluhd, das iss ja raines Eiweiß, da hab ich Sie ibrigens was ausgedifdeld: Meine Milch habch baggderjologisch mit einem Drigg bearbeided, den Drigg verrad'ch nadierlich niemandem, sogar Sahne hab'ch behandelt mid einem Schogg, dasse ä Virdeljahr häld, dahdellos und mid allen Gräffdn, ja, ich hab mai Läbn lang geforschd und geforschd und da iss ooch was bei rausgegommen, was glaubense, was ich alles fier Badende hab und dann haddn mir Hiehner ieber Hiehner, die habbch morchens immer uff eenen grossen Wachen gebaggd und dann haddn mir einen Russen, dän mir als Fahrer ausgebilded haddn, so ä gleener Digger, där sah aajendlich gar nich aus wie ä Russe, aber där hadde 'n richdchen Narren dran gefrässn an den Schbass mid die Hiehner! Där also immer raus mit dähnen uff's Fäld und dann losgelassn! Nu, was mainen Sie, wie verrigd die Viecher beim Pfliechen gefrässn ham, das war doch eene gedäggde Dahfel fier die! Nadiehrlich mid dem Einfangen war das nich immer kanz einfach und man mussde schon verdammich uffbassn, die giggdn doch manchmal middn Gobbe gaum aus'n Furchen raus, da sinn midunder 'n baar undergebag-

42

gert worn, aber 's gahm ja nicht drauf an, so viehle, wie mir haddn! Ja, da gahmen sogar Brofessoren aus Laipzch und nich ploß die, bei dänen 'ch schdudierd hadde und die sachden einschdimmich zu mir: »Sie ham viel bei uns kelernt, Herr Dr. Brietzel, Dr. Priehzel iss mai Nahme. Nee alles, was rächt iss, aber was Sie hier aufgebaud haben, das iss ainzich ardch in dr ganzen Wäld!« Sähnse, was de da där Midschurin in der Sowwjeddunjon wollde, so alle Bflanzen greuz und gwer durch'n Kardn und die waide Naduhr, das geht nadierlich nich. Ich will dem Mann seinen Ruhm nich schmälern, där hadd kroße Verdienste, da beißt de Maus geinen Fahden ab, aber mer darf die Naduhr nich bemogeln wolln, das nimmd se ibel, das isse beinah wie mir Sachsen. Die Naduhr iss de krößte Heilgrafd, ma muß ihr nur uff de Schliche gomm un se richdch behandeln, das iss där schbringende Bungd. Sähnse, ich als Baggderjologe seh das alles von innen heraus und so muss mersch ooch machen, aber wär verschdeh das schon: under Dausenden gaum einer, und ooch där noch nichemal richdch. Da gammer reinschdiern ins Miggrosgoob so viel mr will, milljohnenmal und uff emmal, da gommd die Erleuchdung ieber einen wie ä Blitz, abr das iss äbn Knahde, da gammer nischt machn, nischt dafier und nischt da-

gechn. Schbäder habbn mir dann ä Guhd in Schlesjen, in dr Nähe von Klogau, da war ooch ne Ziechelei dadrbei; na dorde, das war vielleichd n' Dheadr, da mußde de Ärde doch klaich nach dr Ärnde noch emal von vorne gepflüchd wärn und nochemal, weil die viel ze harde iss, als da daraus was wädn gann, aber die Schlesjer waren da dazu ze faul oder zu dämlich; wenn de Sonne auf die harde Erde gnalld, das isse inner halben Schdunde, also da isse so fäste, dasse sich damidd'n Gobb einhauen genn, da habn die Loide sich nadierlich gewunderd, wieso mir immer solche Schdaadsärdn hadden, Gunschdigge! Mr muß äbn wissen wie's kemacht wird, das iss das kanze Keheimnis! Aber alle meine Weisheit habch nich bloß von mein' Vahdr; nee, ich hab ja meinen Doggder mett vett und dn Doggdr Fiel habch ooch noch gemachd, denn die Fielosohfie iss ja nich ze verachdn, de gann mr ganz guhd gebrauchen, wemmr der Naduhr in die Giehbe (Kiepe) guggn will und so habch äbn alles wissenschaflich bedrieben und daher ooch meine Erfolche, das iss ja weidr gee Wunder nich. Und nu habch alleene zwölf Enkel, vorchen Härbsd habch hunderddreiundsiebsch Fund Brombeeren gefliggt, denn ich bin ja immer draußen, bei jäddn Wedder, Ergäldungen un sowas gennch garnich, weil ich als Baggderjologe middn Viedaminhaushald Bescheid weiß, wie 'ch wohl schon sachde; de Hälfte habch mid Rum, aber nadiehrlich under Einhaldung der Viedamine, also da iss aine Gradzbeere draus gworn, da würdn Sie sich alle Finger danach legg'n! Meinen Gindern habch jedm zähn Fund vermachd, zum Rohässn und ooch zum Einmachn, also was meine Änkelginder sinn, die hamm sich driebergschdirzd wie de Wilden, aber die sin ja ooch alle wie 'ne Eins. Das sinn de besten Schbordler von dr ganzen Schdadd! Der Jingste, där iss Jahrgang zweinsächzch, där iss sogar schon indernazjez-

nahl beriehmd und das eene Mädel hadd schon drei Breise gewonnn, im Schwimmen, Prust und Graulen, wie 's verlangd wird, das iss de beste Bolizeischbordlerin in der Liecha, ja die iss zur Bolizei gegangen, 'ch wess ooch nich warum, ärschd wollde se ja schdudiern, aber dann wurde nischd draus, aber was de Kesundheid bedriffd, da iss von mir angefangen de ganze Familje: einfach forbildlich!

Er nickte mir zu, steigt auf sein Rad und ruft mir im Davonfahren zu:

»Abr ä Gläschen Säggd am friehen Morjen iss äbn ooch nich zu verachdn!«

Joachim Ringelnatz

Das Bergmannspiel

Unter dem Bett ist der Schacht.
Der wird entweder mit Bettlaken dunkel gemacht
Oder ihr spielt das Spiel bei der Nacht.
In den Schacht schüttet ihr erst recht
  viel Kohlen.
Die muß der Bergmann auf dem Bauche
  herausholen.
Ein Licht oder Spirituskocher und zum
  Graben
Eine Schaufel muß jeder Bergmann haben.
Außerdem muß er vor allen Dingen
  sich hinten
Ein Stück aus Leder aus Schuh oder
  Ranzen anbinden.

Dann baut ihr aus Tisch und Stuhl und
  Fußbank die Stufen,
Dort, wo der Eingang sein soll.
Jeder, der runterkriecht, muß erst
  »Glückauf« rufen
Und schaufelt eine Zigarrenkiste voll
  Kohlen voll.
Jder, der rauskriecht, muß dann ganz
  dreckig sein.
Und jedesmal müssen alle Glückauf
  schrein.
Geben euch eure Eltern was hinten
  drauf,
Dann habt ihr doch hinten das Leder
  und ruft nur: »Glückauf«.

Wir Sachsen und das Schicksal

Anonym

Kunz von Kauffungen

Kunz von Kauffungen mit zwei Rittern,
saß in der Waldschenk' und trank einen Bittern.
Da besoff sich einer von den Rittern, fiel
untern Tisch, daß die Wände zittern.
Kunz von Kauffungen mit einem Ritter,
saß in der Waldschenk und trank einen Bittern.
Da besoff sich der and're von den Rittern, fiel endlich selbst ab — die Wände zittern.
Kunz von Kauffungen ohne die zwei Ritter, saß in der Waldschenk' und trank einen Bittern.
Kunz von Kauffungen ohne die zwei Ritter, fiel endlich selbst ab — die Wände zittern!
Kunz von Kauffungen mit zwei Rittern lag unter'm Tisch besiegt vom Bittern.
Da erhob sich einer von den Rittern, saß in der Waldschenk' und trank einen Bittern.

Kunz von Kauffungen mit einem Ritter schnarcht' unter'm Tisch, daß die Wände zittern.
Da erholt sich der andere von den Rittern, saß in der Waldschenk' und trank einen Bittern.
Kunz von Kauffungen ohne die zwei Ritter schnarcht' unter'm Tisch, daß die Wände zittern.
Endlich erholt sich Kunz gleich den zwei Rittern, saß in der Waldschenk' und trank einen Bittern.
Kunz von Kauffungen mit zwei Rittern ließ nach dem Vorfall die Pferde füttern.
Kunz von Kauffungen mit seinen Rittern ritt nach Chemnitz und trank einen Bittern.
Da besoff sich einer von den Rittern, fiel untern Tisch, daß die Wände zittern.
Usw., usw.

Johann Georg Seume

Ende eines Gesprächs

»Sie sind sehr dreist, verdammt dreist! Wenn ich bitten darf mein Herr, wer sind Sie?«

»Weder ihr Herr noch ihr Diener.«

»Wissen Sie, mit wem Sie sprechen?«

»Nein.«

»Mein Vater ist sehr angesehen und Ritter mehrerer Orden, und der Ihrige?«

»Ein Mann.«

(Verächtlich) »Vermutlich, denn Zwitter haben keine Zeugungskraft, aber von welchem Orden?«

»Von dem Orden der Männer. Er ist nicht so zahlreich als sie glauben. Die Regel ist Mut, Vernunft, Gerechtigkeit, Menschenliebe; nicht die Regel jedes Ordens!«

»Herr, Sie sind ein Jakobiner.«

»Wahrheit und Ehre haben keine Sekten. Nur Schwachköpfe lassen sich gängeln und von Bassen und Bonzen kastrieren.«

»Man muß sich vor Ihnen hüten.«

»So sprechen die Brillenträger. Ehrliche, selbstsehende Leute fürchten nichts.«

»Der Kerl ist auf alle Fälle ein Sonderling« (geht stolz davon).

Johann Georg Theodor Gräße

Die sonderbare Stiftung zu Kötzschenbroda

Während des 30jährigen Krieges verbrachte Churfürst Johann Georg I. seine Zeit auf dem Churfürstl. Weinberge der Hoflößnitz; in der Zeit seines dortigen Aufenthaltes liebe er es, sehr viel Wein zu trinken. Seiner Gemahlin war dies anstößig, doch getraute sie selbst sich nicht, ihm deshalb Vorstellungen zu machen. Sie ersuchte daher eines Tages den in Kötzschenbroda angestellten Pastor M. Augustin Prescher, doch einmal von der Kanzel herab eine Mahnung an den allergnädigsten Herrn ergehen zu lassen. Obschon derselbe dies sehr bedenklich fand, so ließ er sich doch endlich dazu bereden und sprach eines Sonntags »über die traurigen Folgen der Schwelgerei und Trunksucht«, und schloß mit den Worten: »Unser gnädigster Herr trinkt zwar auch, aber er hat es dazu und es bekömmt ihm! Amen.« Nach der Kirche wird der Pastor zur

Churfürstl. Tafel geladen; ihm, so wie seiner Gattin bangte es, wegen der Folgen seiner Ermahnung.

Der Churfürst äußerte indes erst am Schluß der Tafel: »Herr Pastor, heut hat Er mir auch eins auf den Pelz gebrannt.«

»Ei«, erwiderte der Pastor, »das sollte mir leid thun, wenn es bloß den Pelz getroffen hätte und nicht das Herz.« Auf diese offene Sprache erwiderte der Churfürst: »Herr Pastor! Er ist ein ehrlicher Mann, wären doch alle Geistlichen in meinem Lande der Art; bitte Er sich eine Gnade bei mir aus.« Als der Pastor Bedenken findet, deshalb sich Etwas zu erbitten, meint der Churfürst: »Er wolle, seine Dienstnachfolger sollen alljährlich 49³/₄ Kannen Wein aus seiner Kellerei erhalten, 50 Kannen werden zu viel sein.« Dieses Deputat wurde dem jedesmaligen Pastor zu Kötzschenbroda als Stiftung verabreicht und wird wahrscheinlich erst in der neuesten Zeit abgelöst worden sein, denn Pastor Trautschold erhielt es noch zur Zeit seines Abganges.

Anonym

Karl Leberecht Daniel Wutschke, der Napoleonverehrer

In ganz Frankreich, ja selbst in der ganzen Welt, konnte es keinen zweiten ebenso aufrichtigen Verehrer des Kaisers Napoleon I. geben, wie der alte Gastwirt und ehemalige Hausknecht Wutschke in Leipzig war. Wehe jedem, der in seiner Nähe Übles vom großen Eroberer zu sprechen anhob! Wutschke fuhr dann voll Wut auf und verteidigte den Kaiser mit den energischsten Worten; ja, wenn seine Worte nicht überzeugend genug wirkten, nahm er auch wohl zu Faustbeweisen seine Zuflucht.

Wutschke hatte sein kleines Gastzimmer mit einer Unzahl bildlicher Darstellungen aus dem Leben Napoleons ausgeschmückt. Diese Bilder hatten sämtlich nur sehr geringen Wert, das größte aber, ein lithographiertes Brustbild des Kaisers, zog die Aufmerksamkeit durch einen eigentümlichen Umstand auf sich. Über dem Kopfe Napoleons war nämlich ein altes sächsisches Zweigroschenstück aufgeheftet. Diese sonderbare Art der Vereinigung von Münzenkunde und Steindruck erregte natürlich die Neugier jedes Beschauers. Auf die Frage, was das Zweigroschenstück mit Napoleons Brustbild zu tun habe, war dann Wutschke immer gern bereit, nachfolgende Geschichte zu erzählen.

»Ja, sähn Se«, begann er stets, »ja, sähn

Se, mit dem sächs'schen Zweegroschenschtickchen hat das so seine eegentimliche Bewandnis, denn das hat mir Nabolijohn eegenhändig geschenkt, und da kennen Se mer getroste tausend Taler davor bieten, Se kriegen's doch niche.

Ich bin Sie nämlich ä geborener Dräsner un war annoh Dreizen von Metjeh Hausknecht im › kleenen Roochhause ‹ uff der Scheffelgasse in Dräsen. Ich war annoh Zwelfe zwanzig Jahr alt geworden und mußte mich zu de Soldatenrekertierung schtellen, aber ich hatte Sie glicklicherweise ä linkes schiefes Been, un dadorch kam ich von de Soldaten los, was mir sehr lieb war, denn sonst hätt' ich am Ende noch mit nach Rußland gemußt un wär' entweder gar nich oder gar totgeschossen un verfroren wiedergekommen, wie so viele von meinen Dräsner Bekannten. Fer'n Krieg war ich Sie überhaupt gar nich recht geschaffen, denn wenn ich's schießen hören tat, tat ich allemal Bauchkneipen kriegen, was so eene gewisse Magenschwechlichkeit sin mußte.

Aber das war Sie dazumal eene infame kriegerliche Zeit, un eh' mer sich's versehen tat, taten de Kanonen balde da un balde dorten ämal buwwern un krachen, daß mir'sch ordentlich schwummerich wurde. Ich bin annoh Zwelfe un Dreizen aus'n Bauchkneipen gar niemals nich

'rauskommen. De Basseschierer, die dazumals bei uns im kleenen Roochhause einkehr'n taten, waren mehrschtentals militärische Leite, un gewehnlich waren se de gröbsten un zahlten womöglich gar keene Trinkgelder nich.

Wie annoh Zwelfe de Franzosen aus Rußland zurückkammen, dachten mir schon, 's wirde nu ä bißchen ruhig werden, aber eh' mirsch uns versaahn, kam uff eemal annoh Dreizehn so anfangs August mei Nabolijohn, mit seine Soldaten nach Dräsen. Wie se'n bei Hofe fragen taten, was er eegentlich wollte, sagt' er: › I nu, ich warte bloß uff de Österreicher un Mohrohn mit de Russen, dann woll'n mir de Schlacht bei Dräsen machen. ‹ Un sähn Se, so kam Sie's ooch. 's waren noch keene acht Dage nich vergangen, da ging uff eemal der Deifel los draußen vor'n Bern'schen Tore un in'n Großen Garten. Das war ä Geplautze un Gedonnere, daß in Dräsen alle Fenster wackelten. Dabei war ä Wetter, daß mer keenen Hund nich' nausjagen tat. Der Regen goß nur so 'runter, aber mei Nabolijohn machte draußen immer seine Dräsner Schlacht ruhig fort. 's dauerte ooch nich lange, da war er fertig un hatte de Russen zusammengehaun, daß es nur so fleckte. — Nu hieß es uff eemal in der Stadt: › Uffgepaßt! Nabolijohn macht seinen Einzug! ‹ Ich wichste grade fer än Fremden de Schtiefeln, da taten se duten un trommeln driben in der Wilschengasse un alles schrie: › Itze kimmt er! ‹ Ich hatte Nabolijohn noch niemals nich gesehn un lief also, was hast de, was kannst de, ooch mit in meiner blauen Leinwandscherze un mit de Wichsbärchte in der Hand. Richtig, wie ich 'niber kam in de Wilschegasse, kamen schon de Franzosen 'eingezogen, naß wie de Maden un ganz voll Dreck beschbritzt. Nabolijohn machte halt un ließ de Soldaten vorbeidifeltieren, un alles schrie immer aus vollen Halse: › Wief Lampröhre! ‹

Ich hatte än ganz scheenen Blatz un war keene drei Schritte von'n Kaiser, so daß ich mer'n ganz genau angucken konnte. Da saß er nu so schtille vor sich hin uff seinen weißen Schimmel un war fitzchenmadennaß wie der allgemeenste Kerl unter sein' Soldaten, un zumal seine Schtiefeln war'n färchterlich dreckig. Sähn Se, das tat mich ordentlich dauern; de Bärschte hatt' ich eemal mit, ich zwängte mich also dorch de Leite, nahm meine Zippelmitze ab, machte Naboljohnen mei Kombelmank un sagte ganz heflich: › Herr Wief Lampröhre, Sie erlooben mir wohl gütigst? ‹, dabei fing ich aber ooch schon an, sein dreckigen Schtolpenschtiefeln abzubärtschten. Nabolijohn guckte mich erscht groß un breet an, dann aber tat er lachen un ließ mich ruhig fortbärschten. Wie ich'n alle beede Beene blank gewichst hatte, daß

mer sich drinnen beschpiegeln konnte, fragte er mich: › Monami, wie heeßen Sie? ‹ › Karl Leberecht Wutschke ‹, sagte ich. Da lachte Nabolijohn wieder, griff in die Hosentasche un langte mer aus seinen Bohrdemanäh ä Zweegroschenschtickl 'raus un sagte: › Monami, ich habe grade weiter nischt Eenzelnes bei mir; ä andermal Mosjeh Wutschke! ‹ Ich sagte: › Hat weiter nischt zu bedeiten, Herr Wief Lampröhre, dadruff is es nich abgesähn. ‹

Un nu ging ich ganz überglicklich wieder 'niber ins kleene Roochhaus, wo se ordentlich neid'sch uff mich waren.

Sähn Se, hör'n Se, das is die Geschichte von dem alten sächs'schen Zweegroschenschtickchen uff dem Bilde da.«

Anonym

Das Lied vom alten Barchewitz

Als Leipzigs Tore noch bemannt
mit Stadtsoldaten, wie bekannt,
verhöhnt von den Studenten —
da standen zwei von diesem Chor
als Schildwach vor dem Peterstor,
den Strickstrumpf in den Händen.

Wie sie da auf und nieder gehn,
da sagt der eine und bleibt stehn:
»Kann's Loofen nich vertragen,'
mei Bruch tritt sunsten wieder 'raus;
kumm, setz dich mit ins Schilderhaus,
ich wil dr ooch was sagen.«

Als sie gepflanzt auf ihren Sitz,
da spricht der alte Barchewitz
mit rotem Schnapsgesichte:
»Mich dorscht ooch hinte gar ze sehr;
gib erscht emal die Bulle her,
denn hirre die Geschichte.«

Er tat nun einen kräft'gen Zug,
und als er glaubt', es sei genug,
erzählt' er seine Taten:
»Ich stund doch 13, wie ihr wißt,
als 18pfünd'ger Attulrist
in Dresens Balisaden.

Da kam mal abends, es war just
am 27sten August,
Nabolijon geritten,

der nahm sein Sperspecktiefchen raus
un guckte uff de Berge 'naus,
wo noch die Feinde stritten.

Flugs rief er: Wer is unter eich
der beste Schitz un schießt mer gleich
uff de verfluchtgen Russen?
Da schriegen alle: Barchewitz!
Der hat schon unterm Alten Fritz
zwee Terken bald derschussen.

Da sprach der Kaiser: Barchewitz,
richt dei Kanon nach Räckenitz
uff jenen dichten Trippel,
der links bei Murrohs Denkmal steht
un gar nich auseinandergeht,
schieß mir de Kerls zu Krippel!

Ich richte nu ooch glei mei Stick
und schieß der drunger uff gut Glick.
Weeß Gott! ganz in dr Färne
da flogen hoch, ich bin e Schuft,
zwee lange Beene in de Luft,
und fielen erscht bei Berne.

Da sagt Nabolijon: Putz Blitz,
du bist e Luder, Barchewitz!
Der Schuß war wärklich scheene.
Das hast de härrlich abgepaßt;
weest de, wäm de geschussen hast?
Das waren Murrohs Beene!

Sich, Alexander leeft wie dull!
Ooch Friedrich Willem macht paschull.
Die sin mer zwar entrunnen,
daß aber muß ich frei gestehn:
du Barchewitz, hast ganz alleen
de heit'ge Schlacht gewunnen.

Druf zog er seinen Beidel vor
und schenkt 'mer en Nabolijond'or
Un wie er mir'n gegäben,
da traten alle ins Gewähr
und schriegen: Vivat Lamberär,
Nabolijon sull läben!«

Julius Mosen

Die Bürgermeisterwahl

Tapfer mußten die Gastwirte im Vogtlande sein, denn Schlägereien unter den Gästen gehörten zur Tagesordnung, zumal in Schöneck beim Ochsenwirt sonnabends nachmittags, wenn dort die Bauern aus den benachbarten Dörfern auf der Heimkehr vom Wochenmarkt sich einen Rausch getrunken hatten. Fanden sich dazu noch rauflustige Bürger, so war der Krakeel fertig. Eine Neckerei machte gewöhnlich den Anfang. Eine Szene dieser Art für hundert: »Wie war das mit den Ferkeln?« fragte augenzwinkernd einer über den Tisch hinüber. Der Angeredete räusperte sich und erzählte: »Vor Zeiten war einmal der wohlweise Rat von Schöneck zur Bürgermeisterwahl beisammen. Die Ratsherren waren übereingekommen, daß derjenige von ihnen, welcher einen Einfall hätte, auch Bürgermeister werden solle. Einige Minuten lang saßen sie schon zusammen, und keiner hatte einen Einfall, denn da der neue Bürgermeister zum Wahlschmause herkömmlich einen Ochsen schlachten lassen mußte, so ließ jeder dem anderen gern den Vortritt, und alle hielten den Atem an sich, so daß es ihnen schwarzgelb vor Augen wurde. Inzwischen fingen die Stadtverordneten an, mit Rebellion zu drohen. Den Ratsherren ward schwül zumute, doch jeder dachte an seinen Ochsen und schwieg. In dieser Not ging der Senator Fritz, der Dickste und Frömmste von ihnen, an das offene Fenster, um Luft zu schöpfen, denn gerade ihm, der so gesprächig, fiel das Schweigen am schwersten. Das wußten die anderen und rückten ihm deshalb an das Fenster nach. Fritz stand aber eine ganze Stunde lang stumm am Fenster und sah einer Herde Ferkel zu, welche vor dem Rathaus in der heißen Sonne in der Pfütze spielte. Fritzen gefiel das Schauspiel so, daß er endlich, sich vergessend, in die Worte ausbrach: Sind wir doch possierlich, so lange wir jung sind! Vivat hoch! Unser neuer Bürgermeister Fritz! rief da, vom heiligen Geiste erleuchtet, die Versammlung, schrie schon der Ratsdiener zur Tür hinaus, jubelten die herbeieilenden Bürger, kreischten die Weiber und Kinder, quiekten die erschrocken vor der Urwahl davonflüchtenden Ferkel. Und nur Fritze sagte gerührt: So nehmt denn in Gottes Namen Euern Ochsen hin! —

Unter unauslöschlichem Gelächer von der linken Seite der Tafel und unter Zischen und Fußscharren von der rechten, wo die Bürger saßen, hatte der Bauer seine Erzählung geschlossen. Da erhob sich in dem Zentrum der letzteren der vierschrötige Ratszimmermeister und trat, gefolgt von seinem Anhang, zu dem Sprecher und zog dem eine so kräftige Ohrfeige, daß er auf den Boden fiel. Dies war das Signal zur allgemeinen Schlacht.

Gnadengesuche an König Albert von Sachsen

Mit tränender Feder und meinen am 26. 2. 98 geborenen schwächlichen Zwillingen falle ich auf die Füße des Landesvaters. Ich am Fuße dieses Allerhöchsten Schreibens ergebenst Unterschriebene wollte recht herzlich bitten, mir meinen Mann im Gnadenwege zu erlassen. Majestät! Ich klopfe Sie an Ihr gutes Herz!

Und so schwinge ich alte invalide Schwiegermutter von 64 Jahren mich auf Flügeln kindlicher Liebe auf die Stufen des edeldenkenden kgl. Vaters und unterbreite mich einem wohlwollenden Gnadenakte.

*

53

Im Jahre 77 wurde ich vom Militär entlassen mit einer Denkmünze und Durchbohrung des rechten Trommelfells und einer Pension von monatlich sechs Mark.

*

In dem ich jetzt lebend und im Taumel des wilden Sinnenrausches als alter Mann von 70 Jahren hilflos dastehe, appeliere ich an das menschliche Gefühl Ew. Maj.

*

Die hohe kgl. Gnadenschatulle wolle gütigst verzeihen. Ich bin mittellos, jedoch sonst unbescholten und völlig unverheiratet. Bitte Ew. Maj. die kleine Freiheitsstrafe beim A. G. Waldheim für mich zu erledigen.

*

Mein Beruf ist Zimmermann und Vater von 4 Kindern. Mein treugeliebter Landesvater! Mein Herz und Lunge sehnen sich nach Ihnen. Meine Mutter hat einen Tritt begangen aus Armut, mein kleiner Bruder bricht sich fortwährend.

*

Als geistig getrübte Frühgeburt trete ich vor Ew. Maj. Ich armer Vater von 5 Kindern, das 6. unter dem treuen Mutterherzen tragend, ich bitte das Schwert des Damokles, das in Gestalt des Gerichtsvollziehers über mir schwebte, gütigst

entfernen zu lassen. Ich hatte damals ein schwer krankes Kind, das Gott zu sich nahm, woselbst es dann noch Geld gekostet hat.

*

Das hochwohlgeb. Amtsgericht hat mich in der Trunkenheit wegen begangenen Widerstandes und mich selbst bewundernden Gebarens im unzurechnungsfähigem Zustande hingeurteilt. Der Herr Pastor wird meine moralischen Alibis gerne bezeugen.

*

Und so bilde ich im Geiste vor Ew. Maj. Spalier. Ew. Maj. wollen mich entbinden, bitte Ew. Maj. Gnade zu lassen, da ich mich in mildernden Umständen befinde.

*

Ich bin arbeits- und appetitlos. Ich habe einen Mann, 2 Brüche und 7 Kinder. Aus Unverstand und Gesetzesunkenntnis bin ich vom AG. verurteilt worden.

*

Und so bin ich denn durch Ew. Maj. Gnade wiederum guter Hoffnung.

*

Ich bin Bürstenfabrikant und trotz aller Vorsicht Vater von 13 Kindern.

*

Zu Weihnachten, wo auch das Herz des verhärtetsten Sünders erweicht, wird auch Ew. Maj. Herz auftauen. Schenken Sie mir Ihr Ohr.

Ernst Ortlepp

Wiegenlied für Deutschland

Schlaf, schlaf, schlaf,
Deutschland, du gutes Schaf!
Du hast ja nun den Zollverein,
Dir könnte gar nicht wohler sein!

Schlaf, schlaf, schlaf,
Deutschland, du gutes Schaf!
Du hast ja nun die Eisenbahn,
Und deine goldne Zeit hob an.

Schlaf, schlaf, schlaf,
Deutschland, du gutes Schaf!
Du hast ja einen Bundestag,
Der für dich wacht bei Nacht und Tag.

Schlaf, schlaf, schlaf,
Deutschland, du gutes Schaf!
Du hast ja trocken Brot vollauf,
Und auch noch etwas Salz darauf.

Schlaf, schlaf, schlaf,
Deutschland, du gutes Schaf!
Du hast ja Wolle g'nug, die man
In deinem Schlaf dir scheren kann.

Hans Dünnebier

De Wachd an der Elwe

Dariewer sin mir Sachsen uns doch eenig,
Daß gar kee andrer Fluß so vigiland
Als wie die Elwe, aller Streeme Keenig
Sich schlängeld durch das deire
     Vaderland.

Nur unsere Dichderschleide nodabene
Hab'n egal nur den scheenen Rhein
     gegrießt;
Das is doch fier uns Sachsen heechst
     gemeene,
Weil äb'n bei uns derheem de Elwe fließt.

Der Rhein, nuja, ich meene bloß:
     nu äben,
De Elwe is doch ooch ä richdger Fluß!
Un wachsen denn bei uns hier keene
     Räben?
Der Meißner Schieler is doch ä Genuß!

Am Rhein de Burgen, singd de Dichter-
     klabbe,
Sin ruineeser als wie anderschwo,
Als wären, weeß der hohle, die von
     Babbe

Zum Beischbiel an der Elwe a broboh!

Wenn uns de Dichder bloß verhohne-
    biebeln,
Verdanneboom, so ist das weenig hibsch —
Mer mißts den Briedern eegendlich
    veriebeln.
Mir Sachsen aber sin nich nibbernibsch.

S'is klar, de Boesie haad's diesen Falles
Nich äben leichd, daß sie än Reim
    erwischd
Ja, uff'n Rhein, da reimd sich beinah
    alles
Un uff de Elwe — nu so gud wie nischd.

Gewelwe ging, meindwegen dann ooch
    gelwe;
Deswägen werds noch lange kee
    Gedichd.
Mer hab'n doch merschdens keene
    gelwe Elwe,
Un is se gelb, boedisch is das nichd.

Drum halden sich de Sänger an der Elwe
Zum greeßten Deele ooch so meischen-
    schdill,
Weil sich, wie äb'n bewiesen, uff dieselbe
Kee eenzges hibsches Werdchen reimen
    will.

Mer soll de Wachd am Rhein nich egal
    singen,
Wo heidzedag der Wind aus Osden
    wehd —
Ich mechd's weeß Knibbs emal in Värsche
    bringen,
Daß äne Wachd ooch an der Elwe
    schdehd.

Un fesde schdehd se — un ooch ohne
    Värsche!
Nu äb'n muß denn egal gedichded sein?
Globd mir, se schdehd so fest, als
    wärsche
So scheen besungen wie de Wachd am
    Rhein.

Josef Karl Grund

Keine Schwarzbeeren mehr für die Obrigkeit

»Ein ehrliches Dankeschön tut dem
wohl, dem es gilt; und man kann es —
finde ich — nicht oft genug sagen. Allerdings ist von einem Dankeschön allein
noch kein armer Schlucker satt geworden; und kein Geschäftsmann hat es je
für einen Laib Brot, ein Pfund Fleisch
oder gar ein Paar Schuhe in Zahlung genommen. Das sollten sich die hohen
Herren, die im Geld schwimmen, hinter

die Ohren schreiben. Von mir bekommen sie für ein Dankeschön keine Schwarzbeeren mehr.«

So ähnlich sagte meine Mutter im Sommer des Jahres 1943, und dabei ist sie geblieben.

Ob sie recht hat, entscheidet bitte selbst. Meine Mutter wurde 1892 im Böhmischen Erzgebirge geboren. Böhmen gehörte damals zur Österreichisch-Ungarischen Monarchie. Mutters Eltern waren Kleinhäusler, die von Hand in den Mund lebten. Ein halbes Pfund Fleisch kam nur sonntags auf den Tisch, und da fiel für jeden bloß ein winziges Stückchen ab; denn Mutter hatte acht Geschwister.

Über das Böhmische Erzgebirge und seine Hungerleider herrschte von Wien aus der gute alte Kaiser Franz Joseph. Die Lehrer in der Schule priesen ihn als »Vater des Vaterlandes«. Die Buben und Mädchen mit den hungrigen Augen hörten und glaubten es.

Auch der gute alte Kaiser hatte Kinder und Verwandte. Sie führten den Titel »Kaiserliche Hoheit« und waren von Beruf Erzherzöge und Erzherzoginnen.

»Genauso wie unser über alles geliebter Kaiser sorgen sich die Kaiserlichen Hoheiten stets um das Wohl ihrer Untertanen«, lehrten die Lehrer. Die Buben und Mädchen mit den hungrigen Augen hörten und glaubten es.

Als meine Mutter ein Mädchen mit hungrigen Augen war, glaubte sie es auch.

Dann traf sie mit einer Kaiserlichen Hoheit zusammen.

Im Hochsommer 1906 war's, als die Schwarzbeersträucher pralle Beeren trugen.

Auf die Schwarzbeerzeit warteten Jahr um Jahr viele Erzgebirgler. Die Schwarzbeeren (auch Heidel- oder Blaubeeren genannt) brachten den langersehnten zusätzlichen Verdienst. Sobald die Beeren reif waren, zogen ganze Familien, in der Hauptsache Frauen und Kinder, in die Wälder, um Schwarzbeeren zu pflücken. Mit Sonnenaufgang brachen sie auf, nach Sonnenuntergang kehrten sie heim.

Abend für Abend wurden die Schwarzbeeren zu den Aufkäufern gebracht. Diese bezahlten den Pflückern einen Pappenstiel und lieferten die Ernte zum drei- bis vierfachen Preis an die Großhändler. In den Städten — in Karlsbad etwa, in Aussig, Saaz oder Prag — berappten dann wohlhabende Feinschmecker das Zehn- bis Fünfzehnfache . . .

Doch kommen wir auf den Hochsommer des Jahres 1906 zurück.

Meine Mutter war damals vierzehn Jahre alt, und die Schwarzbeersträucher trugen pralle Beeren.

Mutters Familie pflückte in der Nähe des Keilberg-Hotels. Dieses Hotel auf dem höchsten Punkt des Erzgebirges kannten die Schwarzbeerzupfer nur von außen. Hinein gingen »die Besseren«, die es sich leisten konnten.

Zu den Besseren gehörte Seine Kaiserliche Hoheit Erzherzog Karl, der von 1916 bis 1918 als letzter österreichischer Kaiser regieren sollte.

Als die Mutter vierzehn Jahre alt war, zählte Seine Kaiserliche Hoheit neunzehn Lenze.

»Er war ein hübscher junger Mann, so recht zum Verlieben«, erzählte Mutter später. »Ich hatte sein Bild in einem Kalender gesehen; und als er aus dem Keilberg-Hotel trat und auf mich zukam, erkannte ich ihn sofort. Und dann blieb er vor mir stehen.

Ich machte einen Knicks und sagte: »Grüß Gott, Kaiserliche Hoheit.«

»Du kennst mich?« fragte er lächelnd.

»Ja«, antwortete ich, »aus dem Kalender.«

Jetzt schmunzelten auch die Offiziere.

»Was machst du denn da?« erkundigte sich der Erzherzog.

»Ich zupfe Schwarzbeeren, Kaiserliche Hoheit«, sagte ich.

»Was machst du denn damit?« fragte er weiter.

»Mein Vater verkauft sie« erwiderte ich, »aber wir bekommen nicht viel dafür.«

»Ich hab' noch nie frische Schwarzbeeren gegessen«, sagte er. »In Wien kriegen wir sie eh nur aus dritter oder vierter Hand.«

Da nahm ich allen meinen Mut zusammen und reichte dem Erzherzog die Flasche mit den frischgepflückten Schwarzbeeren darin. »Es sind fast zwei Liter, Kaiserliche Hoheit«, sagte ich. »Bitt' schön.«

»Bravo!« lobte der eine Offizier, und der andere murmelte etwas von anerkennenswertem Patriotismus.

Der Erzherzog nahm die Flasche mit den Schwarzbeeren, lächelte freundlich, strich mir über den Kopf und sagte: »Das ist aber lieb von dir. Ich dank' dir schön, Tschapperl.«

Dann drückte er die Flasche einem seiner Offiziere in die Hand, und die Herren verließen mich.

Ich lief zu meinen Eltern und erzählte ihnen freudestrahlend, was geschehen war.

»Wieviel hat er dir bezahlt?« fragte mein Vater.

»Nichts«, sagte ich verwundert. »Aber er hat mich gestreichelt und Tschapperl zu mir gesagt. Und bedankt hat er sich auch.«

»Und die Flasche?« fragte die Mutter.

»Die hat er mitgenommen«, sagte ich. »Er kann die Schwarzbeeren doch nicht in die Tasche stecken.«

»Du bist das größte Rindvieh, das auf Gottes Erdboden herumläuft!« wetterte Vater. »Und er ist der größte Notnickel

vom ganzen Habsburger Hofgesindel!«
Mir stieg das Schluchzen in die Kehle.
»Was hab' ich denn falsch gemacht?«
fragte ich mühsam.
»Zehn Kronen hättest du verlangen sollen«, schimpfte Vater, »meinetwegen sogar fünfzehn oder zwanzig!« Er hob die
Hand, und es sah so aus, als hinge eine
Ohrfeige in der Luft.
Mutter fiel ihm in den Arm. »Laß nur«,
sagte sie. »Er hätte es wissen müssen.
Aber was sind schon zwei Liter Schwarzbeeren für einen Erzherzog.«
Ich biß die Zähne zusammen und
schwieg.
1918 — nach dem Ersten Weltkrieg —
wurde Böhmen Kernland der Tschecho-
slowakischen Republik. Gründer des
neuen Staates und dessen erster Präsident war Thomas Garrigue Masaryk. »Er
ist der Vater des Vaterlandes und sorgt
sich stets um das Wohl aller Bürger«,
lehrten die Lehrer in den Schulen.
Für die Hungerleider im Erzgebirge änderte sich nichts. Die Armut blieb, und
an den Schwarzbeeren verdienten jene
am meisten, die den Rücken nicht krüm-
men mußten.
Mutters Begegnung mit Thomas Garrigue Masaryk erlebte ich mit. Es war im
Hochsommer 1930. Ich war zehn Jahre
alt, und die Schwarzbeersträucher trugen pralle Beeren. Mein Vater hatte sich
im Radiumbergwerk von St. Joachims-

thal die tödliche »Berufskrankheit« geholt. Das Krankengeld war zum Leben
zu wenig, zum Sterben zu viel. Aber es
gab ja die Schwarzbeeren.
Mutter und ich pflückten in der Nähe
des Keilberg-Hotels. Da kam Präsident
Masaryk auf uns zu. Wir erkannten ihn
sofort. Sein Bild hing in sämtlichen
Amtsstuben und selbstverständlich in al-
len Schulzimmern.
Vier Herren in gepflegtem Zivil begleite-
ten ihn.
Dann stand er vor uns, und wir sagten:
»Guten Tag, Herr Präsident.«
Er sprach ein gutes Deutsch, wenn auch
mit slawischem Akzent.
»Was tun Sie, liebe Frau?« fragte er
freundlich.
»Ich zupfe Schwarzbeeren, Herr Präsi-
dent«, sagte Mutter.
»Und was tun Sie dann damit?« erkun-
digte er sich.
»Ich verkaufe sie«, antwortete Mutter.
»Leider bekommen wir nicht viel dafür.«
»Schmecken Sie gut?« fragte Masaryk.
»Ja, Herr Präsident«, sagte Mutter.
»Wollen Sie versuchen?« Sie reichte Ma-
saryk die Flasche, in die sie etwa zwei-
einhalb Liter Schwarzbeeren gepflückt
hatte.
Der Präsident nahm die Flasche, gab sie
einem seiner Begleiter, lächelte die Mutter freundlich an und sagte: »Das ist sehr
liebenswürdig von Ihnen, junge Frau.

59

Ich bedanke mich, na zdar.« (»Na zdar« ist ein tschechischer Gruß und bedeutet soviel wie »Heil!«).

»Wenn er mir wenigstens eine Krone gegeben hätte!« seufzte die Mutter. Dann zuckte sie die Schultern und meinte: »Ich bin dumm. Für einen Präsidenten sind zweieinhalb Liter Schwarzbeeren genauso wenig wert wie zwei Liter für einen Erzherzog. Aber jetzt weiß ich, was ich von denen da oben zu halten habe. Da heißt es immer, sie seien für uns da. Dabei bezahlen sie nicht einmal für die Flasche! Merk dir's für später, Bub: Schenk denen nichts!«

Ich versprach, es mir zu merken . . .

Im Herbst 1938 holte Adolf Hitler das Sudetenland (und damit auch das Böhmische Erzgebirge) heim in das Großdeutsche Reich. Für die Hungerleider im Erzgebirge änderte sich wenig. Es gab jetzt zwar eine Menge Arbeitsplätze — vor allem in der Rüstungsindustrie —, aber dann kam der Zweite Weltkrieg und die Lebensmittel wurden knapp.

Das Schwarzbeerzupfen blieb. Die Schwarzbeeren wurden um so wertvoller, je länger der Krieg dauerte. Man konnte sie selbst essen, oder — was noch besser war — gegen Lebensmittel tauschen. Selbst in der finstersten Kriegszeit gab es nämlich Leute, die »an der Quelle saßen« und nicht hungern mußten.

Mutter hatte sich vorgenommen, »denen da oben« nichts mehr zu schenken; doch im Laufe der Jahre vergaß sie es wieder. Es war im Hochsommer 1943. Mutter war seit 10 Jahren Witwe, ich selbst »stand im Feld«, und die Schwarzbeersträucher im Erzgebirge trugen pralle Beeren.

Mutter pflückte in der Nähe des Keilberg-Hotels.

Was geschah, erzählte sie mir später:

»Aus dem Hotel traten zwei Männer in Uniform. Die Frau, die neben mir Schwarzbeeren zupfte, sagte, der rechte heiße Mutschmann und sei der Gauleiter von Sachsen, der linke sei ein Sturmbannführer der SS. Sie kannte sich aus. Der Gauleiter und der SS-Offizier kamen auf uns zu, und wir sagten »Heil Hitler«, weil man das damals so sagte.

»Heil Hitler!« grüßten die Herren, und der Mutschmann meinte zu seinem Begleiter: »Zeit zum Schwarzbeerenpflücken müßte man haben. Ich esse Schwarzbeerkuchen für mein Leben gern.«

»Tag für Tag den Buckel krumm machen, ist eine arge Schinderei, Herr Gauleiter«, sagte meine Nachbarin, »und für Schwarzbeerkuchen bücken wir uns schon lange nicht mehr.«

»Wie soll ich das verstehen?« fragte Mutschmann.

Die Nachbarin erklärte es ihm: »Wir tauschen die Schwarzbeeren gegen Brot ein oder gegen Kartoffeln; und wenn wir besonders Glück haben, kriegen wir auch mal ein Stück Fleisch oder ein Viertelpfund Fett dafür.«

»Das ist ja krimineller Schwarzhandel!« ereiferte sich der Sturmbannführer. Mutschmann winkte ab. »Regen Sie sich nicht auf, Gutester«, sagte er schmunzelnd. »So'n bißchen handeln wir alle hin und wieder mal schwarz. Von so 'ner Lappalie geht das Reich ja nun wirklich nicht unter. Oder glauben Sie, daß der deutsche Endsieg von einem Viertelpfund Fett abhängt?«

»Schwarzbeerkuchen!« murmelte Mutschmann und schnalzte mit der Zunge. Dann wandte er sich an mich: »Wieviel haben Sie denn in Ihrer Flasche?«

»Fast drei Liter, Herr Gauleiter«, antwortete ich.

»Na ja«, meinte Mutschmann, »ich könnte Ihnen zwei Pfund Speck dafür schicken. Die Reichspost funktioniert bestens, und gesalzener Speck hält ziemlich lange. Einverstanden?«

Zwei Pfund Speck für knapp drei Liter Schwarzbeeren, noch dazu im vierten Kriegsjahr! Ich bekam glänzende Augen, und die Nachbarin schielte mich neidisch an.

»Einverstanden, Herr Gauleiter«, sagte ich hastig und gab ihm die Flasche mit den Schwarzbeeren.

Mutschmann notierte meine Adresse. »Fürs erste, Frau Grund, bedanke ich mich sehr«, sagte er freundlich. »Heil Hitler!« Er ging mit der Flasche, und der Sturmbannführer folgte ihm verärgert.«

Soweit Mutter.

Die Episode mit dem Gauleiter erzählte sie besonders oft; und jedesmal schloß sie mit den Worten: »Auf die zwei Pfund Speck warte ich noch heute.«

Seit der Begegnung mit Mutschmann schenkte Mutter der Obrigkeit keine Schwarzbeeren mehr.

Und mir sagte sie immer wieder: »Schenk denen da oben nichts, Bub! Verlang von ihnen sofort, was dir zusteht!«

Ich tu's.

Erich Kästner

Das Märchen von der Vernunft

Es war einmal ein netter alter Herr, der hatte die Unart, sich ab und zu vernünftige Dinge auszudenken. Das heißt: zur Unart wurde seine Gewohnheit eigentlich erst dadurch, daß er das, was er sich jeweils ausgedacht hatte, nicht für sich behielt, sondern den Fachleuten vorzutragen pflegte. Da er reich und trotz seiner plausiblen Einfälle angesehen war, mußten sie ihm, wenn auch mit knirschenden Ohren, aufs geduldigste zuhören. Und es gibt gewiß für Fachleute keine ärgere Qual als die, lächelnden Gesichts einem vernünftigen Vorschlage zu lauschen. Denn die Vernunft, das weiß jeder, vereinfacht das Schwierige in einer Weise, die den Männern vom Fach nicht geheuer und somit ungeheuerlich erscheinen muß. Sie empfinden dergleichen zu Recht als einen unerlaubten Eingriff in ihre mühsam erworbenen und verteidigten Befugnisse. Was, fragt man sich mit ihnen, sollten die Ärmsten wirklich tun, wenn nicht sie herrschten, sondern statt ihrer die Vernunft regierte! Nun also.

Eines Tages wurde der nette alte Herr während einer Sitzung gemeldet, an der die wichtigsten Staatsmänner der Erde teilnahmen, um, wie verlautete, die irdischen Zwiste und Nöte aus der Welt zu schaffen. »Allmächtiger!« dachten sie. »Wer weiß, was er heute mit uns und seiner dummen Vernunft wieder vorhat!« Und dann ließen sie ihn hereinbitten. Er kam, verbeugte sich ein wenig altmodisch und nahm Platz. Er lächelte. Sie lächelten. Schließlich ergriff er das Wort.

»Meine Herren Staatshäupter und Staatsoberhäupter«, sagte er, »ich habe, wie ich glaube, einen brauchbaren Gedanken gehabt; man hat ihn auf seine praktische Verwendbarkeit geprüft; ich möchte ihn in Ihrem Kreis vortragen. Hören Sie mir bitte zu. Sie sind es nicht mir, doch der Vernunft sind Sie's schuldig.« Sie nickten, gequält lächelnd, mit ihren Staatshäuptern, und er fuhr fort: »Sie haben sich vorgenommen, Ihren Völkern Ruhe und Frieden zu sichern, und das kann zunächst und vernünftigerweise, so verschieden Ihre ökonomischen Ansichten auch sein mögen, nur bedeuten, daß Ihnen an der Zufriedenheit aller Erdbewohner gelegen ist. Oder irre ich mich in diesem Punkte?«

»Bewahre!« riefen sie. »Keineswegs! Wo denken Sie hin, netter alter Herr!« »Wie schön!« meinte er. »Dann ist Ihr Problem gelöst. Ich beglückwünsche Sie und Ihre

Völker. Fahren Sie heim, und bewilligen Sie aus den Finanzen Ihrer Staaten, im Rahmen der jeweiligen Verfassung und geschlüsselt nach Vermögen, miteinander einen Betrag, den ich genauestens habe errechnen lassen und zum Schluß nennen werde! Mit dieser Summe wird folgendes geschehen: Jede Familie in jedem Ihrer Länder erhält eine kleine, hübsche Villa mit sechs Zimmern, einem Garten und einer Garage sowie ein Auto zum Geschenk. Und da hintendrein der gedachte Betrag noch immer nicht aufgebraucht sein wird, können Sie, auch das ist kalkuliert, in jedem Ort der Erde, der mehr als fünftausend Einwohner zählt, eine neue Schule und ein modernes Krankenhaus bauen lassen. Ich beneide Sie. Denn obwohl ich nicht glaube, daß die materiellen Dinge die höchsten irdischen Güter verkörpern, bin ich vernünftig genug, um einzusehen, daß der Frieden zwischen den Völkern zuerst von der äußeren Zufriedenheit der Menschen abhängt. Wenn ich eben sagte, daß ich Sie beneide, habe ich gelogen. Ich bin glücklich.« Der nette alte Herr griff in seine Brusttasche und zündete sich eine kleine Zigarre an.

Die übrigen Anwesenden lächelten verzerrt. Endlich gab sich das oberste der Staatshäupter einen Ruck und fragte mit heiserer Stimme: »Wie hoch ist der für Ihre Zwecke vorgesehene Betrag?«

»Für meine Zwecke?« fragte der nette alte Herr zurück, und man konnte aus seinem Ton ein leichtes Befremden heraushören.

»Nun reden Sie schon!« rief das zweithöchste Staatsoberhaupt unwillig. »Wieviel Geld würde für den kleinen Scherz gebraucht?«

»Eine Billion Dollar«, antwortete der nette alte Herr ruhig. »Eine Milliarde hat tausend Millionen, und eine Billion hat tausend Milliarden. Es handelt sich um eine Eins mit zwölf Nullen.« Dann rauchte er wieder an seiner Zigarre herum.

»Sie sind wohl vollkommen blödsinnig!« schrie jemand. Auch ein Staatsoberhaupt.

Der nette alte Herr setzte sich gerade und blickte den Schreier verwundert an. »Wie kommen Sie denn darauf?« fragte er. »Es handelt sich natürlich um viel Geld. Aber der letzte Krieg hat, wie die Statistik aufweist, ganz genau soviel gekostet!«

Da brachen die Staatshäupter und Staatsoberhäupter in tosendes Gelächter aus. Man brüllte geradezu. Man schlug sich und einander auf die Schenkel, krähte wie am Spieß und wischte sich die Lachtränen aus den Augen.

Der nette alte Herr schaute ratlos von einem zum anderen. »Ich begreife Ihre Heiterkeit nicht ganz«, sagte er. »Wollen

63

Sie mir gütigst erklären, was Ihnen solchen Spaß macht? Wenn ein langer Krieg eine Billion Dollar gekostet hat, warum sollte dann ein langer Frieden nicht dasselbe wert sein? Was, um alles in der Welt, ist denn daran komisch?«

Nun lachten sie alle noch lauter. Es war ein rechtes Höllengelächter. Einer konnte es im Sitzen nicht mehr aushalten. Er sprang auf, hielt sich die schmerzenden Seiten und rief mit der letzten ihm zu Gebote stehenden Kraft: »Sie alter Schafskopf! Ein Krieg — ein Krieg ist doch etwas ganz anderes!«

Die Staatshäupter, der nette alte Herr und ihre lustige Unterhaltung sind frei erfunden. Daß der Krieg eine Billion Dollar gekostet hat und was man sonst für denselben Betrag leisten könnte, soll, versicherte eine in der »Frankfurter Neuen Presse« zitierte amerikanische Statistik, hingegen zutreffen.

Anonym

Die Überschwemmung in Leipzig

In der großen Seestadt Leipzig
War jüngst eine Wassersnoth;
Häuser stürzten ein wohl dreißig,
Menschen blieben mehr noch todt.

Wogen rollten auf und nieder,
Schollen stürzten hin und wieder,
Auf dem Dache sitzt ein Greis,
Der sich nicht zu helfen weiß.

Mütter ringen mit den Händen,
Kinder krabbeln an den Wänden,
Selbst ein Knäblein in der Wiegen,
Auf der Nase eine Fliegen.

Ach, wie sind die Wasser kuhle,
O wie duster ist das Grab, —
Dies erweichet mein Gefuhle,
Drum brech' ich dieses Lied hier ab.

Martin Kessel

Mein Freund Oskar

Eines Tages tauchte er auf. Er stand immer neben mir wie mein Schatten, und sobald ich ihn etwas beiseite rückte, begann er zu flüstern. Seine Stimme war unverkennbar. Da das allmählich bedenklich wurde, gab ich ihm einen Namen und nannte ihn Oskar. Vielleicht, so sagte ich mir, würde auch einmal die Zeit kommen, wo ich ihn brauchte und wo ich dann froh sein würde, wenn er erschiene. Zunächst freilich verfolgte er mich. Gestern stand er wieder mal da, mein Freund Oskar, und sagte:

»Das deutsche Volk ist ein Lehr- und Lernvolk, es sucht immer nach Lehrern und nach Belehrung; es will auf der Schulbank sitzen und seinen Lerneifer bekunden; es forscht und studiert, und es gehorcht, sobald einer da ist, der ihm was beibringt. Dabei fragt es weniger, was es lernt, als vielmehr, ob nicht bald noch etwas hinzugelernt werden kann. Dieser letzte Umstand hat etwas Erschreckendes. Es ist, als würde alles nur durchexerziert, als würde zwar alles gelernt, aber nichts aus der Sache als solcher.«

»Hm«, sagte ich. Aber Oskar fuhr fort: »Tritt nun an diesem Punkt jemand auf und sagt: › Ihr seid zwar gelehrt, aber nicht klug; ihr habt zwar alles gelernt, aber was wißt ihr? ‹ — so schreien sie alle: › Volksverräter! Nieder! Gebt ihm Saures! Los! ‹ — Und dann geht's los. Dann donnert und kracht es, und dann kracht es so lange, bis alles kaputt ist. O Seligkeit! Und nun gibt's wieder etwas zu lernen, was Neues. Am liebsten ist ihnen das Neue, wenn es vor dreitausend Jahren schon einmal da war.«

»Hm«, sagte ich. Dabei drückte ich Oskar etwas beiseite. Ich wollte mir die Sache nicht einreden lassen, ich wollte sie selber bedenken. Aber da kicherte er, und im Weggehen hörte ich ihn noch flüstern:

»Unter uns gesagt, Herr Doktor, jetzt lernen sie Demokratie.«

Dieter Hoffmann

Moritzburg

Sonne die Sau
grunzt, quiekt, wird geschlachtet.
Aber erst später.
Sie lacht noch.
Die Ebenisten sind im Schloß
    versammelt.
Sind Eicheln wie grüner Gesang?
Das Federzimmer fliegt.

Reisebürolack
spellt von der Marketerie.
Die Landschaft ist, am Nachmittag,
    commod.
August der Starke
watet durch
das pfannkuchenfarbne Wasserschloß,
Jägerinnen zu vernaschen.

Irmgard Morgner

Der König aus der Kiste

Sendung: Eines Tages, als auf dem Flugplatz Schönefeld wieder eine große Sendung seltener Tiere für den Tierpark eingetroffen war, entdeckte der Zoll bei der Übergabe eine überzählige Kiste. In der Kiste saß ein König. Der Zoodirektor hatte ihn nicht bestellt. Er weigerte sich, den König zu übernehmen. Die Weigerung begründete er ad a prinzipiell, wenn er alles, was ihm unaufgefordert gebracht oder geschickt würde, aufnähme, müßte er bald seine Mitarbeiter verfüttern. Auch ginge jegliche Konzeption zunichte, die Anlage wäre ein Tierpark, kein Tierstall. Ad b argumentierte er mit Besucherinteressen, denen ein subventioniertes Unternehmen pädagogischer Art Rechnung tragen müßte. Ad c bestand er auf Seriosität. Vertragspartner, die den Vertragsvereinbarungen zuwiderhandelten, hätten weder Devisen noch Tauschtiere zu erwarten. Überdies lägen bezüglich der Haltung von Königen in der zoologischen Gefangenschaft seines Wissens keinerlei Erfahrungen vor. Er ordnete die Rückführung nach Asien zu Lasten des Absenders an. Gabelstapler bugsierten einunddreißig Transportkisten mit siebenundfünfzig Tieren auf Lastwagen.

Die beförderten die Ladung vorsichtig zur Quarantänestation. Das teuerste Tier war ein Giraffenfräulein. Seine Kiste maß zwei Meter achtzig Höhe. Die Transportkosten des Königs waren niedriger, mit Löwen, Hyänen und Geiern verglichen jedoch erheblich, zubehörhalber, da ein König ohne Zubehör keiner ist, während ein Tier nichts braucht, um ein Tier zu sein. Thron, Krone, Schleppmantel und andere Insignien füllten seine Kiste zur Hälfte. Sie war mit rotem Samt ausgeschlagen. Seine goldenen Pantoffeln standen auf Maisstroh. Der Direktor betrachtete sie, als der erste Zorn verraucht war. Bald wagte ein Wärter, sich ihm und der Kiste zu nähern und politische Bedenken anzumelden. Derart, daß die unaufgeforderte Zusendung des Königs aus politischen, möglicherweise sogar fortschrittlichen Motiven erfolgt sein könnte, vielleicht befände sich das Absenderland in einem bürgerkriegsähnlichen Zustand. Die Tatsache, daß ein König nicht erschossen oder inhaftiert, sondern abgeschoben würde, müßte die revolutionäre Haltung der Absender nicht unbedingt in Zweifel ziehen, sondern könnte auf eine komplizierte innenpolitische Situation schließen lassen. Der Wärter hielt die originelle auf den ersten Blick befremdlich erscheinende Art des Abschiebens für eine politische Demonstration. Der Zoodirektor hielt sie für eine Provokation, erklärte sich jedoch bereit, den König bis zur Klärung des Sachverhalts in die Quarantänestation überführen zu lassen. Dem politisch qualifizierten Wärter wurde die Haltung des Königs zugewiesen. Er bereute seine Initiative bald. Da der König jegliche Nahrungsaufnahme verweigerte, auch Getränke ablehnte, wenn sie ihm stehend gereicht wurden. Während der Wärter, in erpresserischer Weise auf die Knie gezwungen, Delikatessen aus dem Unter den Linden gelegenen Exquisitgeschäft servieren mußte, führte die Zoodirektion Ermittlungen und einen ausgedehnten Schriftverkehr. Ergebnislos, wahrscheinlich infolge turbulenter innenpolitischer Zustände im Herkunftsland des Königs oder wegen Überlastung der neuen Regierung. Der Zoodirektor vermutete, daß die angegebene Adresse des Absenders falsch war. Er reklamierte die von ihm unterzeichneten Briefe. Als auch diese Bemühungen ohne Erfolg blieb, ordnete er zwangsweise Gewöhnung auf 1900-Kalorien-Normalkost bei einer täglichen Eiweißzufuhr von 70 Gramm und die Einquartierung des Königs ins Raubtierhaus an. Dort kann er werktags sowie an Sonn- und Feiertagen in der Zeit von neun bis achtzehn Uhr in einer schlingpflanzengeschmückten Vitrine besichtigt werden. Neben der Bengaltigerin Ira und Silberlöwen. Der Wärter glaubt, daß diese Nachbarschaft die Eitelkeit des Königs herausgefordert und ihn bewogen hat, den Hungerstreik abzubrechen, um seine körperliche Attraktivität nicht zu verlieren. Da der König nach wie vor Gespräche ablehnt — ob generell aus Vornehmheit oder nur, weil ihm die gebotenen Gesprächspartner nicht standesgemäß erschienen, ist noch nicht ermittelt —, kennt man bis jetzt weder Namen noch Nationalität. In die Messingtafel ist »König« eingraviert. Die Besucher lesen sie verwundert und tauschen Geschichtskenntnisse und Ansichten über Verfahrensfragen aus. Viele Frauen schreiben ins Beschwerdebuch, daß das Exponat politisch überzeugender wäre, wenn König und Robe gesondert gezeigt würden, einzelne bezweifeln die Echtheit der Halbedelsteine an

Krone und Krummsäbel, wenige fordern die Entwaffnung des Königs aus Sicherheitsgründen, die meisten Männer sind für Erschießen und Ausstopfen. Daraus und aus den Zuschriften glaubt der Zoodirektor schließen zu können, daß dem Exponat ein gewisser pädagogischer Nutzen nicht abzusprechen ist. Allerdings hat er es im Friedrichstadtpalast noch nicht vorgeführt. Nur sonnabends, am Fasttag, ist dem König das Verlassen der Kabine zeitweise gestattet. Meist nutzt er dann die Gelegenheit für einen Spaziergang im Park. Da die goldenen Pantoffeln, Schleppmantel und andere Insignien beim Laufen hinderlich wären, leiht der Wärter dem König Lederschuhe und Trenchcoat. Die Kleidung macht ihn unscheinbar und unauffällig im Besucherstrom, ohne Halsband und Leine würde ihn niemand als König erkennen.

Gerhard Zwerenz

Mein Großvater und seine Kanone

Was Großväter angeht, so hat man gewöhnlich derer zwei. Ich dagegen mußte mit einem auskommen, und ich kam damit aus. Ja, es wäre nicht übertrieben zu sagen, mein einziger Großvater hielt die Familie mehr in Trab als es hundert gewöhnliche Großväter zu tun vermöchten.

Es gab bei uns im Haus einfach nichts, was sich nicht folgerichtig und zielstrebig zur Tragödie zuspitzte, wobei immer mein Großvater den Helden spielte.
Unsere Nachbarn, wenn sie einander trafen, pflegten deshalb mit dem Kopf kurz und andeutungsweise in Richtung

68

unseres Hauses zu nicken, wobei sie die Frage ausstießen:

»Was Neues bei Wimmers?«

Es gab immer was Neues zu berichten. Bis es Großvater zu dumm wurde und er in die Mühle emigrierte, wohin ich ihn begleitete, denn ich liebte diesen seltsamen Mann sehr.

Die Mühle stand abseits vom Dorf. Genau sechzehn Minuten brauchte Großvater für die Strecke, wenn er normale Schritte machte. Es war ein Weg durch Felder und engstehenden Fichtenwald. Großvater pfiff immer, wenn er nachts vom Gasthof heim in die Mühle kam. Man soll aber nicht meinen, er hätte aus Angst gepfiffen, etwa weil er sich nächtlicherweise gefürchtet hätte. Mein Großvater fürchtete sich nie und vor niemandem, wie sich bald herausstellen sollte. Er pfiff einfach, weil es ihm viel Freude machte, so allein durch den Wald zu laufen.

Ich weiß nicht mehr, wie lange unsere Sorglosigkeit andauerte. Es kann sich nur um ein paar Wochen gehandelt haben. Bald schon stellten sich gewisse Ungereimtheiten ein, und das erste, was mir auffiel, war, daß Großvater nicht mehr pfiff.

Es war im letzten Sommer. Die Frösche im Tümpel hatten Chorabend. Da schlug Senta kurz an. Ich schlüpfte aus dem Bett und trat ans Fenster. Großvater kam durchs Gartentor. Senta sprang an ihm hoch und jaulte.

»Ist etwas passiert?« fragte ich hinunter.

»Nein«, sagte Großvater, »was sollte schon passiert sein.«

»Du pfeifst nicht.«

»Ich habe es vergessen«, murmelte Großvater und brachte Senta zur Hütte. Sie sprang dabei immer wieder an ihm hoch und wollte ihm das Ohr lecken. Das machte sie stets, wenn sie beunruhigt war. Tatsächlich mußte es einen Grund für Sentas Unruhe geben, denn fortan pfiff Großvater nur noch selten. Und wenn er es versuchte, klang es kläglich und brach bald ab.

Senta und ich beobachteten Großvater. Bei seinen Spaziergängen in den Wald folgten wir in einigem Abstand. Aber es kam nichts dabei heraus. Eines Tages merkte Großvater, daß er beobachtet wurde. Er schlug sich ins Gebüsch, und als Senta und ich vorbeikamen, trat er hervor. Ich beschloß, aufs Ganze zu gehen.

»Willst du mir nicht verraten, was los ist?« fragte ich.

Er sah mich abwertend an. »Dazu bist du noch zu klein.«

Dann überraschte ich Großvater. Er stand im Mühlenhof und hatte einen Sack um den rechten Arm geschlungen. Senta saß davor und besah sich den Sack mißtrauisch. Großvater reckte ihr immer den Arm vor die Schnauze und rief: »Faß zu, Senta, faß doch zu, Senta!« Das Tier aber schüttelte unwillig den Kopf und legte sich schließlich nieder.

»Wenn man sie nur richtig scharf machen könnte«, seufzte Großvater. Ich stopfte meine Stimme ganz tief in den Keller und sagte, daß es sich wie ein alter Männerbaß anhörte:

»Lieber Franz, das nützt doch alles nichts, du wirst die Steuern für die Mühle trotzdem bezahlen müssen!«

Großvater pfiff durch die Zähne.

»Du weißt Bescheid?«

»Ich weiß Bescheid.«

»Wenn ich den Hund richtig bissig machen könnte, trauten die vom Finanzamt sich nicht her«, murmelte Großvater leise.

Senta schleppte den abgebundenen Sack in ihre Hütte und hatte einige Mühe damit.

Eines Morgens, inzwischen waren drei Mahnbriefe vom Finanzamt gekommen, erwachte ich durch das klägliche Meckern unserer beiden Ziegen. Ich sah hinunter in den Hof. Da standen die Tiere vor ihrem Stall, sahen ganz unglücklich aus und meckerten vorwurfsvoll. Ich lief die Treppe hinab. Kein Zweifel, im Ziegenstall befand sich etwas Fremdes: Stumm und stolz reckte eine Kanone ihr schwarzglänzendes Rohr . . . Ich weckte

Großvater, der unter dem schweren Federbett vergraben schnarchte.

»Ein Alptraum bedrängt mich«, rief ich »und denk dir nur, er ist schwer wie eine Kanone und steht im Ziegenstall.«

Ich lief zurück zum Stall. Großvater, im wehenden Nachthemd hinterdrein. Schweratmend hielten wir vor der Kanone und brachten plötzlich kein Wort hervor.

»Sie kostet ganze fünfundzwanzig Mark«, erläuterte Großvater. Ich erfuhr, sie stammte vom Langdorfer Schützenverein, der sich eine neue, größere und schönere Kanone gekauft und die alte abgesetzt hatte.

So nahm das Unheil seinen Lauf. Heute, nach den blödsinnigen Kriegen, die keiner gewann und jeder verlor, sind die Menschen ja allesamt sowohl gleichgültiger als auch langweiliger und dümmer geworden, und so kann man sich vielleicht gar nicht mehr vorstellen, daß es einmal in unserem Land Kerle wie meinen Großvater gegeben hat, Leute, die auf ihrem Recht beharrten und es gegen die Behörde nicht mit List oder gar Hinterlist, sondern in offener Feldschlacht verteidigten; mein Großvater war eben noch ein Kerl von altem Schrot und Korn. An jenem Tag brachte er gleich zwei große Schilder am Gartentor an. Auf dem einen stand: *Vorsicht — Ich halte meine Manöver ab!!!* Auf dem andern war

70

zu lesen: *Achtung! Hier wird scharf geschossen!!! — Der Oberbefehlshaber.*
Wie eine einzige Kanone doch die Welt verändert.
Unsere Ziegen standen trübsinnig im Hof herum und ließen die Köpfe hängen. Sie betrauerten den Verlust ihres Stalles und wollten einfach nicht das Stroh mit der Kanone teilen. Mekka, zweifellos das klügere Tier, versuchte eine heimliche Sabotage, marschierte ans Tor und knabberte die Schilder an. Da erschien Großvater mit Hacke und Spaten und begann, direkt vor dem Mühleneingang zu graben.
Er ging etwa einen halben Meter tief und warf nach vorn einen Deckungswall auf. Dann rollte er die Kanone aus dem Ziegenstall in die Stellung.
Unsere Bewaffnung sprach sich bald herum. Vom Dorf kamen die Bauern und sahen sich unsere Kanone an. Manche höhnten, aber Großvater ließ sich nicht aus der Ruhe bringen. Auf neugierige Fragen hatte er ein stereotypes:
»Das sind militärische Geheimnisse!«
Das Finanzamt übte derweil erstaunlichen Langmut. Der Winter setzte unserer Kanone eine Schneehaube auf. Sie sah so malerisch aus, daß ich mich mit ihrem Vorhandensein abzufinden begann. Ein Pulk Raben hockte krächzend auf den Speichen, und im Frühjahr, als die Sonne wieder wärmer schien, veranstalteten wir unsere Waffenreinigung. Das Rohr hoben wir ab, wickelten Lappen um eine Wäschelatte und putzten den Lauf innen spiegelblank. Den Verschluß fetteten wir mit Schweineschmalz das schwarze Pulver im Beutelchen trockneten wir vorsichtig, denn es war den Winter über feucht geworden.
Eigentlich wollten wir auch einen Probeschuß abgeben.
Wir unterließen es, weil wir uns erst noch erkundigen mußten, welche Menge Pulver man brauchte.
Als die Sommerferien kamen, besuchten uns ganze Schulklassen. Großvater nahm nur von Erwachsenen Eintritt, den Schulklassen öffnete er das Gartentor und legte mit einer großartigen Geste Senta an die Leine, was diese sehr verwunderte. Ich hatte mir aus einer Bibliothèk ein altes Waffenbuch besorgt und erläuterte den Mechanismus der Kanone. Schon erwogen wir den Gedanken, die Mühle in ein Museum für alte Waffen umzuwandeln, da gab uns das Finanzamt einen scharfen Schuß vor den Bug. Ein Beamter erschien und erklärte, er werde in genau vier Wochen wiederkehren und, falls dann die fällige Steuer nicht bezahlt sei, bei uns pfänden.
Der Beamte verschwand wieder, wenn auch etwas weniger schnell als er gekommen war (hatte ihm unsere Idylle zu denken gegeben?), dafür erschien Leo, der

Dorfpolizist und meinte, wir hätten gegen das Gesetz über den Besitz von Schußwaffen verstoßen. Großvater lachte ihn aus. Er hatte inzwischen alle Gesetze nachgelesen und wußte, daß man für Pistolen und Gewehre wohl einen amtlichen Waffenschein brauchte, Kanonen aber im Gesetzestext überhaupt nicht erwähnt sind. Unverrichteterdinge und leise murrend zog unser Wachtmeister wieder ab.

Die letzten Tage vor Ablauf der Frist verwandelten die sonst so stille Mühle in ein Heerlager. Neugierige strömten von überall herbei. Wir konnten das Gebäude kaum noch verlassen. Wenn Großvater sich zeigte, schrien die einen und spuckten aus, und die anderen jubelten dem großen Steuerblockadebrecher zu.

»Gib's ihnen!« riefen die einen.

»Haut ihn!« verlangten die anderen.

Wir hatten glücklicherweise vorgesorgt und den Zaun mit Stacheldraht verstärkt. Auch sonst waren wir nicht untätig. An der Mühlenrückfront hoben wir bei Dunkelheit Fallen aus, die ich mit dünnen Ästen und Laub überdeckte. Die Warnschilder wurden erneuert. Die Kanone sahen wir jeden Tag nach. Sodann teilten wir uns in Wachen ein und hielten jederzeit eine Lunte bereit.

Senta erhielt weniger zu fressen, damit sie doch ein wenig scharf würde. Indes machte sie der Hunger nur schläfrig.

»Verlaß dich drauf, wir werden ihnen eins versetzen«, flüsterte Großvater, als der Tag der Entscheidung anbrach. Er warf mir einen durchdringenden Blick zu und da erschien der Bürgermeister vor dem Tor.

»Bleib stehen, du Bierfaß!« rief Großvater dem Bürgermeister zu, mit dem er so manche Nacht durchgezecht hatte. Der Bürgermeister stand keuchend vor den Warnschildern. Er tat mir richtig leid.

»Das ist Widerstand gegen die Staatsgewalt«, gab der Bürgermeister zu bedenken.

Mein Großvater schrie: »Wenn mir ein Unrecht geschieht, will ich Blut sehen.« Sie riefen sich noch eine Weile ihre gespenstischen Bemerkungen zu, dann trat ich an die Kanone und rückte sie ein wenig. Der Bürgermeister sprang drei Meter zur Seite und wandte sich zur Flucht.

»Diese dummen Kerls«, sprach mein Großvater, »die merken gar nicht, wieviel sie durch uns verdienen könnten. Überall, wo der Puls der Weltgeschichte schlug und große Kriegsschauplätze sich ausbreiten, kommen Jahr für Jahr viele Besucher hin, die Orte werden berühmt. Durch unsere Aktion könnte unser Dorf einen Namen bekommen. Dann erhöhte sich vielleicht sogar das Gehalt des Bürgermeisters.«

Vielleicht hätte mein Großvater noch weitere Weisheiten von sich gegeben, doch nun erschien der Finanzbeamte. Die Menge der Neugierigen hatte sich inzwischen verdreifacht. Eine schmale Gasse öffnete sich dem Beamten.

Sein Gesicht war etwas bleich, was man schließlich verstehen konnte.

»Geh du in Deckung!« befahl Großvater. Ich trat in die Tür des Ziegenstalls, ließ diese aber offen, um das Schlachtfeld überblicken zu können.

Ich fühlte mich als Eingreifreserve.

Großvater hatte seinen guten Anzug an und die rote Krawatte umgebunden. Ganz geschniegelt sah er aus und glänzte im Gesicht. Er blickte zu dem Beamten hin, lächelte freundlich, trat, die brennende Lunte in der Hand, hinter die Kanone.

Der Beamte las ruhig die Warnschilder und schüttelte sanft mißbilligend den Kopf. In der atemlos lauschenden Menge sah ich das ratlose Gesicht des Dorfpolizisten. Der Steuerbeamte schien sich jetzt entschlossen zu haben, legte die Hand auf die Klinke, öffnete die Gartentür.

»Achtung, hier wird geschossen!« rief mein Großvater.

»Mann, machen Sie sich nicht unglücklich!« antwortete der Beamte und wagte zaghaft einen Schritt voran.

Großvater hielt die Lunte an die Kanone; eine meterlange, von weißem Dampf gesäumte Stichflamme stieg vorn und hinten aus dem Rohr. Es gab einen ohrenbetäubenden Knall. Großvater schwebte über dem Erdboden und breitete die Arme aus wie die Engel auf den Bildern. Ich blickte zu dem Beamten hin, aber der stand unerschütterlich, wenn auch nicht unerschrocken, und die Aktentasche in seiner linken Hand war weg. Draußen vor dem Zaun hatten sich die Neugierigen alle auf den Bauch geworfen und Deckung genommen. Ich blickte zurück zu unserer Kanone. Die war einen Meter hoch in die Luft gesprungen, das Rohr stand aufrecht, als wolle es in den Himmel schießen, und dann fiel das Ganze mit einem dumpfen Aufprall zur Erde zurück, und eine Wolke schwarzen Pulverdampfes erhob sich. Ich lief hinzu, die Kanone war zertrümmert, von Großvater keine Spur. Draußen kamen die Leute langsam wieder auf die Beine. Der Beamte stand noch wie ein Standbild, nur seine Aktentasche war weg und im Gesicht sah er ziemlich schwarz aus. Jemand nieste über mir, und als ich hinaufsah, erblickte ich meinen Großvater; über dem untersten Ast der alten Linde hing er. Wir angelten ihn herunter, den guten Anzug zerrissen, die Krawatte verbrannt, das Gesicht pechschwarz und abgeschürft. Ich holte schnell die Flasche und hielt sie ihm zwischen die Zähne. Er trank, wurde wieder lebendig und ging auf den Beamten zu. Die Gegner schüttelten sich die Hände. Senta bellte aufgeregt. Die Menge vorm Zaun applaudierte. Jemand brachte die Aktentasche des Beamten, die aufs Feld hinausgeflogen war. Großvater spuckte ein paar Knäuel schwarzes Papier aus sowie sein zerbrochenes Gebiß und äußerte, in das Unvermeidliche sich fügend: »Ich ergebe mich!« — Der Beamte murmelte eine Höflichkeit und begab sich in die Mühle. Großvater schluckte. — »Jetzt sucht er was zum Pfänden!«

Der Beamte, der bei uns nichts finden konnte, kehrte aus dem Gebäude zurück. Man sah ihm deutlich die Ratlosigkeit an. Soviel Ärger und sowenig Beute, mochte er denken, der pflichtgetreue Herr.

Plötzlich erwies sich, dieser Beamte war ein Mensch, und sogar einer von der gutartigen Sorte.

An das zerbrochene, schiefliegende Häufchen Kanone trat der Beamte und klebte schwungvoll einen Kuckuck aufs verqualmte Rohr . . . Welch eine tiefe Weisheit vermittelte Gott in seiner Güte diesem Beamten!

Lange noch winkten wir dem guten Manne nach.

Ich, der ich meinem lieben Großvater ein ehrendes Andenken bewahre, sehe noch heute manchmal im Traum das schüchtern lächelnde Gesicht dieses Finanzbeamten, und ich nehme an, dies ist just die Stelle, wo ich, wie meine Frau mir verschiedentlich berichtete, jeweils ausrufe: »Der Mensch — ah der Mensch ist gut!«

E. Thumer

Dr hibsche Ma

In W . . . warn in aaner Nacht fünf Heiser ogebrannt. Un wie sich's später rausstellen tat, warsch a Racheakt gewaasen. Dr Weigel-Lob hatt siech bei 'ner Ärbschaft übergange gefühlt, un do wußt'r seiner Wut net annersch Luft ze machen, als doß'r sein Stiefbruder de Bud wagfeiret! Verdacht hatten se schu offn Lob, ober daar tat su uschuldig un war salber su betrübt, doß mr glaam mocht, 'r hätt drbei salber eigebüßt.

Aaner ober, dr Mühlmann-Em, wußt genau, waar dr Brandstifter war. Obr 'r war von Lob gestimmt, un daar vertrauet fest 'n Em, weil'r von Natur a seelensguter Mensch war.

De Zeing (Zeugen) wurn nu aanzelt vernumme un de Kreiz un dr Quaar ausgefregt. Wie nu dr Em vorm Unnersuchungsrichter kam, tat'r schu aweng zittern. Daar war obr a feiner Ma, hatt en grußen weißen Bart und 'ne goldne Brill auf. 'r hießen Em setzen und tat siech mit'n ganz ruhig un freindlich unnerhal-

ten, daß's ne Em gar net virkam, als wär'r in Gericht.

Un wie nu dr Unnersuchungsrichter ne Em en Vürtrag hält von Racht un Gerachtigkeit, wos aus dr Walt warn tät, wenn de Märder un de Reiber, de Eibracher un Brandstifter net bestroft warn tätn — do hatt' dr Em genickt un schließlich de ganze Kart verrotn.

Ne Weigel-Lob blieb nu wetter nischt übrig, als ze beichten, un 'r dorft siech dorfier zwee Gahr ins Gefängnis setzen. Wie nu sein Freind »Em« dos Urteil häret, warsch'n a wieder net racht, obr ze ändern war dordra nischt mehr. 'r hatt sein Kopp su richtig voll.

Paar Wochen später sitzt'r miet an Stammtisch in »Weißen Hirsch«, un do macht'n aaner Virwürf, weil'r sein gutn Freind Lob su elend verrotn hätt 'r söllt siech schäme!

Drauf maanet dr Em: »Jech wollt's a net song, obr dr Unnersuchingsrichter war a zu hibscher, freindlicher Ma!«

75

Anton Sommer

Unser Aberglaabe

An jedem Sylvester muß mer Haring
    asse,
da bleibt mer'sch ganze Jahr bei Kasse.

Was mer in'n zwölf Nachten in Trame
    siht,
gewöß in dan Jahr' in Erfillung giht.

An änn Freitage derf mer käne Räse
    mache,
denn da giht schief änne jede Sache.

Werd, was mer redt, beniest, da ös de
    Sache wahr un ganz gewöß.

Tutt's linke Bän zuerscht aus'n Bette
    fahre,
da giht d'r dan Tag alles d'r Quare.

Lobste deine Gesondheit, spröch ju
dreimal »unberufen« derzu.

War in d'r Neijahrschnacht off änn
    Kreizwag giht,
kann erhorche, was in ganzen Jahre
    geschieht.

Löft d'r frih änne schwarze Katze iber'n
    Wag,
da werd's fer dich ä verdrießlicher Tag.

Schreit ä Rabe sihre off änn Dache,
da werd sich äns drönne bald fertig
    mache.

Hörschte änn Guckuck, klopf' gleich an
    de Ficke,
da werd d'rsch nech fahle an Geld un an
    Glicke.

Da Saale will änn Menschen in jeden
    Jahre,
dromm denkt höbsch dran un tut eich
    wahre!

Schreit' ju nech iber'sch Kehricht wack,
sonst fällt d'r deine Liebe in Drack.

Vor Walproge macht drei Kreize an's
    Haus,
denn dadervor reißen de Hexen aus.

Ihr Mägen traht Usterwasser ein,
war sich dermöt wäscht, werd schöne
    un fein.

Hat äner in Sarge von dir was an,
da kömmste nachen bald selber dran.

Soll änne Mahd sich gewöhne ein,
laß se gleich gucke in's Ufenloch nein.

76

Laßt jeden sich setze, dar in de Stobe
   tritt,
da nömmt ar eich eiere Ruhe nech möt.

Wenn's Ohre dir klingt, werschte in
   Maule gefihrt,
klingt's rachte, gelobt, klingt's linke,
   schändirt.

Wenn's in 'n Brautkranz regent, dös ös
   nech gut,
weil's allemal Tränen bedeite tut.

Zieht in än neies Haus ihr ein,
traht de Bibel un Brud un Salz erscht
   nein.

Wenn de Schwalben bau'n ihre Naster
   an's Haus,
da drönne kömmt niemals Feier aus.

War niest, wenn'r noch nichtern ös,

dar kriecht was geschenkt, das ös ganz
   gewöß.
's göbt allemal Zank, wenn de 's Salz
   werfst omm,
oder fährscht met'n Lichte onger'n
   Tösche romm.

Wenn de Katze sich lackt un potzt in
   Haus,
da bleiben nech lange de Gäste aus.
War will Hochzeit mache, guck'n Mond
   erscht an,
ob ar in Wachsen ös, 's kömmt völ droff
   an.

Sprachen zwä met änanner daselbe Wort
da laben se das Jahr zusammen noch
   fort.

Ziehste 'n rachten Schuh an'n linken
   Fuß,
da haste dan Tag nicht wie Verdruß.

Wolfgang Paul

Katastrophen werden umgetauscht

Zu den wenigen zufriedenen Menschen
dieser Stadt gehört mein Freund Noleander, der kürzlich eine Tauschzentrale für
Katastrophen eröffnet hat. Vorher hatte
er mit Träumen spekuliert, die er gegen
Honorar an Mitbürger abgab, deren Fä-
higkeit, Wunschträume während des
Schlafs zu realisieren, durch die An-
strengungen unserer Zivilisation verlo-
rengegangen war. Doch dieses Geschäft
verpachtete Noleander an einen Adep-
ten seiner Lehre vom glücklichen Leben

77

in gefahrvollen Zeiten und konzentrierte sein Kapital auf die Tauschzentrale.

Du bist ein edler Mensch, sagte ich zu Noleander, als ich sein Geschäft aufsuchte, um einen persönlichen Schicksalsschlag in ein allgemeines Elend umzutauschen.

Keineswegs, erwiderte Noleander lächelnd, ich arbeite hart, um wohlhabend zu werden.

Dennoch, fuhr ich fort, lobt man dich ungemein, und das Fernsehen plant sogar, dir eine eigene Sendereihe einzurichten.

Diese Publizität schätze ich, schmunzelte er, vor allem, weil sie meinen Gewinn erhöht. Aber mir geht es tatsächlich um das Wohlbefinden meiner Mitmenschen. Und da ich nicht zögere, einzugestehen, daß ich mich dabei bereichere, darf ich sagen, daß die Umtauschzentrale zwar einer fixen Idee entstammt, aber heute schon eine Bresche in die wachsende Unlust der Menschen am Leben geschlagen hat.

Ich sehe es, erwiderte ich und blickte auf die vielen Mitmenschen, die Schlange standen, um nach längerer Wartezeit endlich abgefertigt zu werden.

Neben einem gewissen Organisationstalent, das uns ja angeboren ist, wie du weißt, bedarf es natürlich einer weiten Phantasie sowie einiges Wissens, um alle Umtauschwünsche zu befriedigen. Die Weltmarktpreise für Katastrophen haben angezogen, und ich muß mich täglich äußerst konzentrieren, damit keiner mein Geschäft unbedient verläßt.

Einige Beispiele, bitte, sagte ich und setzte mich hinter den Schalter zu Noleander.

Soeben tauschte ich einem bekannten Politiker einen Schicksalsschlag, den er bei der Prüfung seiner letzten Entscheidungen entgegennehmen mußte, in eine hübsche Katastrophe aus dem klassischen Altertum um: Ich gab ihm die Ausweisung des Themistokles durch das Athener Scherbengericht. Du hättest seine Augen sehen müssen, als er mein Geschäft verließ: sie strahlten wie der Planet Mars in Erdnähe.

Unverständlich . . . Vor dem Politiker brachte eine Dame der Gesellschaft ihre verpatzte Ägyptenreise. Ich tauschte diese in das Kaudinische Joch um, durch das bekanntlich die Samniten alle Römer gehen ließen, die sie 321 v. Chr. eingeschlossen hatten. Meine Kundin steckte sich das Joch an den Hut und segelte stolz davon, um den Neid ihrer Freundinnen zu erregen.

Aber die vielen einfachen Menschen unserer Stadt, sagte ich, denen die gegenwärtigen weltpolitischen Katastrophen das Leben vergrämen — was bietest du ihnen?

Ach, erwiderte Noleander, ich habe einige Standardartikel besorgt, die ich dann einsetze. Ideologische Katastrophen tausche ich gegen Hexenverfolgungen ein. Allen, die über gewisse Verwandlungen der allgemeinen Lage erschrocken sind, vermittle ich den Giftbecher des Sokrates — ich habe eine ganze Kollektion herstellen lassen. Angstgefühle, die jetzt wieder weltverbreitet sind, nehme ich in mein Lager auf — dafür liefere ich das Lexikon, in dem alle mutmaßlichen Weltuntergänge verzeichnet sind. Auch Neurosen nehme ich ab. Ich tausche sie in Bekenntnisse schöner, aber angegriffener Seelen um, die leicht zu finden sind, oder ich gebe einfach Werthers Leiden mit einer Anthologie aller nach der Lektüre dieses Buches durchgeführten Selbstmorde. Gerade bei diesen Fällen ernte ich besonders rasch Dankbarkeit: Man lädt mich zu Abendgesellschaften ein, auf denen Werthers Leiden in einer Feuerzangenbowle angerührt und getrunken werden. Leider muß ich meistens absagen: Mein Magen hält es nicht aus.

Phantastisch, wagte ich auszurufen.

Man bringt mir auch Filme, fuhr Noleander fort, in denen sich der Weltschmerz austobt. Ich tausche sie in Holzschnitte aus dem Dreißigjährigen Krieg um und gebe als Kommentar den Simplizissimus dazu.

Du machst ein Geschäft aus den Katastrophen?

Im Gegenteil: die Katastrophen machen ihre Geschäfte mit den Menschen.

Aber du heilst die Menschen doch nicht mit den anderen Katastrophen, die du ihnen gibst.

Du hast meine jetzige Tätigkeit noch immer nicht verstanden. Ich erlöse sie doch von der Egozentrik, in die sie verfallen sind, indem sie alle gegenwärtigen Katastrophen überschätzen. Die Menschen benehmen sich, als sei diese Erde bis vorgestern ein Paradies gewesen — und nur ihnen sei es aufgetragen, die schlimmsten Katastrophen zu erleben.

Meine Tauschartikel sind alle historisch — deshalb wirken sie wie ein Gegengift, das heilt. Ich würde es nicht wagen, eine an unsere Zeit gebundene Katastrophe gegen eine andere umzutauschen, die ebenfalls heute passiert.

Du bist ein Philosoph, meinte ich.

Ich heiße Noleander, bemerkte noch mein Freund, ehe er sich wieder an seine Arbeit begab — hast du schon einmal etwas von einem Philosophen gehört, der diesen Namen trägt?

Ich fürchte, es gibt ihn: er gehörte zu den Sophisten im alten Athen.

Siehst du, erwiderte Noleander lächelnd: jetzt hast du meine Tätigkeit begriffen. Ja, du könntest sofort in mein Geschäft eintreten, denn du hast meine persönliche Katastrophe, in einer Zeit leben zu müssen, in der man einer ehrlichen Arbeit nicht nachgehen kann, ohne von Unheil aufgesucht zu werden, in einen historischen Schicksalsschlag umgetauscht: Auch unter den Sophisten gab es Männer, die während des langjährigen Peloponnesischen Krieges ihre Mitbürger heilten, indem sie ihnen damals längst historisch gewordene Katastrophen aus der archaischen Zeit wiederschenkten.

Die Sophisten blieben auf der Strecke, doch die Menschheit lebte selbst unter den gewaltigsten Schicksalsschlägen weiter und vermehrte sich ungemein, wie du weißt.

Bernd-Lutz Lange

Nord-Süd-Gefälle

Man sagt dem Sachsen nach, er wäre angeblich »helle, heeflich un heemdigsch«. Letzteres ist selten zu beobachten, kam wohl eher dazu, weil noch ein drittes Attribut gesucht wurde, daß auch mit »he« anfing. Aber urteilen Sie selbst über jene Geschichte, die sich im heißen Herbst 1989 in Leipzig zugetragen hat und zwar zu einer Zeit, da im hohen Norden des Landes noch keinerlei Unruhe zu spüren war.

Ein Auto aus Rostock fährt an eine Tankstelle.

»Volltanken.«

Der Tankwart schüttelt den Kopf.
»Sie kriechn von mir gee Benzin.«
»Wieso nicht!?«
»Sie kriechn gee Benzin.«
Die Verwunderung des Norddeutschen geht nun in Ärger über:
»Aber wieso denn nicht!?«
»Mänsch, eh ihr da ohbn mal offwachd! Mir machn hier undn de ganze Reveludziohn alleene un ihr gommd nich aus dorr Hifde!!! Sie kriechn nischd!«
»Da gehe ich zur Polizei!«
»Das gannsde machn, da saache ich, du hasd geroochd!«

Bernd-Lutz Lange

Kurze Chronik

Am 16. Oktober 1989 demonstrierten in Leipzig 150 000 Menschen.
Am 17. Oktober trat das Politbüro zusammen und am 18. Honecker zurück.

Und als hätten wir's geahnt — gab es schon in unserer Stadt eine Straße des 18. Oktober!!!

Wir Sachsen und die Liebe

Anonym

De Gläser-Minel

De Gläser-Minel war als gunges Ding bei aaner Wittfraa in Schwarzenbarg, die de drauf sohch, doß se ihre paar Pfeng zammhaltet un, wenn se wos überlaa hatt, geleich ofs Rothaus nei dr Sparkasse troget.

Wie se noochends älter wur un's erschte Mol ze Tanz gang, hatt se sich staatlich agezugn, Patterle aufgenöht un Schlaafen agesteckt, su doß se salberscht ihr Frahd über ihr Gedinglich hatt. Drüm stellet se sich aah of'n Tanzbuden braatbaanet hi, doß se alle saah kunnten.

Ne annern Morgn fröget de Fraa, wie es gewaast wär un ob se aah emol miet getanzt hätt. Do sat se: »Schie war'sch oder getanzt hob ich net.«

»Nu, is dä kanner kumme?« sat de Fraa. »Eiju, e ganze Hetz gunger Bossen kame. Ich wollt mer oder doch mei schiens Zeig net zerknietschen lossen, drüm sat ich zu se: »Net agreifen! — Där besahh!«

Anton Günther

Tschomperliedel

De Guttsgöber Maad,
    die bilden sich viel ei,
enn Ma will e jede,
    doch muß'r wos sei!

Ve enn Schuster, ve enn Schneider
    do iss gar kaa Red,
on zuletzt wärn se fruh,
    wenn'r akloppen tät.

Johanna Moosdorf

Dor Ährich

. . . von wem ich schbreche? Vom Ährich, nadierlich. Erinnersde dich denn nich? Nu ieberlech doch emal. Midden ufm Augusdesblatz war's. Vor vörzich Chahren. Mir warn elfe, du un ich, un dor Ährich war sächzn. Wollde bardu mit dir Shimmy danzen ufm Augusdesblatz. Na? Gommds? Siehsde. Den meenich. War schon damals ä guder Gerl, dor Ährich. Ich weeß noch, wie'ch dich dann gefrachd hawe: warum danzde denn nich mit'm Ährich, wenns'm doch Schbaß machd. Du gönndsd geen Shimmy danzen, hasde gesachd, awer das gloob'ch heide noch nich, 's wär doch ooch biebe gewäsn, sollde doch bloß ä Gagsch sin vom Ährich. Nee, de hasdich schenierd, das war's. Ich weeß noch, wie'ch dachde, de hasd ähm geen Midgefihl mit'm Ährich. Awer de wußdesd sche ooch nischd. Midgefiehl gammer ähm bloß ham wemmer weeß warum. Wenn de'n Ährich ä baar Dache friher gesähn häddsd, da liefer rum wie ä Granger. Nu isses sche vorbei. Nu gann'ch ders ruh'ch erzähln. Wenn de nich so affich nee gesachd häddsd zum Ährich, ich gloowe, ich hädders schon damals erzähld. Awer de hasd'm ä Gorb gegähm vor allen Leiden, woer doch grade so viel

dorchgemachd hadde wechn Loddin un Max. Loddi is meine große Schwesder, erinnersde dich an Loddin? Un Max war'm Ährich sei besder Freind. Een Herz un eene Seele warn die beeden, dor lange Ährich un dor gleene Max. Ham ooch viel zesamm disgudierd iewer Gunsd un Bolidig un obs ä Godd giebd oder alles bloß Endwigglung is un so. Na, un dann drat uf emal de Loddi in ihr Lähm. So lange wie's bloß bladonisch war, gings sche ooch ganz gud, da hammer Schdigge geläsn mit verdeildn Rollen bei uns derheeme un Gedichte, gedanzd hammer ooch, un sonndachs sinn mer alle zesamm nach Dieben gefahrn in de Heide. Was awer de Loddi is, also die haddes digge hindern Ohren, der hads Schbaß gemachd, mit den beeden zu goggediern, un eenes Amnds hadse dor Ährich alleene erwischd und hadder'n Guß gegähm un so, awer am nächsten Amnd ließ se sich von Max abgnudschen, un hinderher sachd doch das Misdschdigge: wie gannsde bloß dein besden Freind so hindergehn. — n' Ährich? sachder Max, un de Loddi is furchdbar erschroggen, wie Gäse hädder ausgesähn, sachde se, un wär dann fortgeloofen ohne 'n Word, nichemal gude

83

Nachd hädder gesachd. Scha, nu wars also aus miter Freindschaftd. Dor Ährich wollde's erschd gar nich glom, awer da had'n dor Max ganz raffenierden, hinderhäldichen Schurgen genannd und dor Ährich is'm nischd schuldig gebliem. Geholfn had's nadierlich allen beeden nischd, se schlichn so rum, ich weeß nich, 's klingd iewerdriem, awer mir gamse vor als wärnse bloß noch Schadden. Gurtz un gud, se hielden's nich lange aus, eener schrieb 'm andern 'n Brief, daß se sich am besden eemal ausschbrechen solldn. Se schriem de Briefe am gleichn Dache, gomisch, nich, awer sowas gibds. Se drafen sich im Johannesdal. Loddi un ich, mir hamse gesähn, wiese dort ufner Bank saßen, awer beileibe nich nähmnander, nee, dor Ährich uf eener Egge und dor Max uf dor andern, un se daden als gennden se sich nich. Loddi meende, ich sollde mich im Babiergorb verschdeggen nähm dor Bank. Zuerschd wolld'ch nich, awer dann war'ch ähm ooch geschbannd, un es beschdand sche ooch gar geene Gefahr, daß se mich sähn gönnden, wörklich nich, die sahn nischd un niemanden als gäwes außer ihn'n nich een eenz'ches menschliches Läbewäsen uf dor Weld. Ich groch also ganz gemiedlich in'n Babiergorb, wo'ch jedes Word härn gonnde. Nadierlich weeß'ch nich warum se aus'nandergeriggd sin, nachdem se doch zusamm gegomm'n warn. Es dauerde ooch ziemlich lange bis eener schbrach. Dor Ährich war's er sachde: Max, de bisdoch mei besder Freind . . . Max drehde sich ä bißchen rum un guggde groß. Dann sachder: Ich dachde sche ooch immer, mer wärn gude Freinde, awer nu . . . Da rudschde dor Ährich a gleenes Schdiggchen näher ran. Weeßde noch, wie mer alle zesamm Scheekschbier geschbield ham bei Behmes inder guden Stuwe? Das war nadierlich 'ne dämliche Frache. 's war sche nich lange her, das Deader. Mei Vader, dor Zibulgha-Gurd un ich, mir ham ooch midgemachd, un wennse nich grade miede war, sogar meine Mudder. Awer Romeo un Chulia mußden mer zweemal schbieln. Zuerschd war Ährich dor Romeo, dann Max, un de Loddi machde de Chulia un nu frachd das dumme Luder, obers noch weeß, na, un was meensde hadder geandworded? Sowas mißden mer bald nochemal arrangschiern, sachder, ich war bladd, un Ährich biß oochg gleich an: Du, das wäre dufde. — Awer nich mit dor Loddi, sachde Max, das gönnd'ch nich aushalden. — Nu warnse schdille. Nach 'ner Weile fing dor Ährich widder an: Liebsde se denn so sähre? frachder ganz leise. Max niggde mitm Gobb. Er guggde weg, ich gonn'd gud sähn, un er dad mer furchdbar leid, so draurich wieer vor sich hinschdierde.

84

Awer ooch dor Ährich dad mer leid. 'ne richd'che Zwiggmiehle war's. — Ich gann den Gedangen nich ertrachn, daß unsre Freindschafd bloß wechn'm Mädchen . . . dor Ährich schluggde. Ich sah wieer nach'm Max schielde, un dann isses bassierd, uf eemal saßer nähm ihm un legd'm sein Arm um de Schulder. Baß uf', sachder, ich verzichde uf de Loddi. Ich gäbse dir. Gloobs nur, de ganssde ham. — Was sachsde da? — De ganssde ham, sachder nochemal. Dabei weinder fasd. Un da hads dann ooch 'n Maxe gebaggd. Er schiddelde sein' Gobb: Niemals. Ich willse nich, behalde se nur, Ährich, du bisder erschde gewäsn bei dor Loddi. De Loddi gehärd dir. — Ich weinde nu ooch. Sowas Riehrendes had'ch noch nich erläbd. Uf eemal wolldense de Loddi alle beede nich mähr ham. Das ging 'ne Weile hin un her. Awer du hasde doch . . . — Du ooch, un ich machs nie widder. — Awer ich gäbse dir doch gerne. — Nich um so'n Breiß. — Du meensd, unsre Freindschafd würde nie widder wärn wasse war? — Nee. Un de Freindschafd is wichd'scher. Mir isses liewer, du bleibsd mei Freind. — Du willsde also besch-dimmd nich mähr? — Ich sachders doch, nee. Un du? — Ich? Ich bin dei Freind, weider nischd. — Nu warnse also widder versehnd. Sone Freide! Globbden sich uf de Schuldern un gwadschden wie zwee Besoffne. Ich schdaune nur so, wasse alles erläbd hadden in den baar Dachen. Dor Ährich war sogar in Fan-Goch-Ausschdellung gewäsn im Gundsdverein. Er sachde, das Bild mit'n schwarzen Vöcheln quer überm gelben Feld, das häddn mächtich bewächd in seim Gummer. — Und du warsd nich derbei, Max, sachder. Ich bin aus mei'm Babiergorb gegrabbelt und heeme gegang'n. Loddin hab'ch nischd erzähld. Die wär bloß embörd gewäsn, daß se se alle beede nich mähr wolldn. Awer gesdern, denkder nur, nach schbrich un schreiwe vörzich Chahren, wen säh ich doch am Haubdbahnhof under dor Normaluhr schdehn? 'n Ährich. Obdes globbsd oder nich: 'n Ährich wieer leibd un lebd. Ergannde mich ufn erschden Bligg. Nu gugge, de gleene Schwesder von dor Loddi, sachder, weeßde noch, wiemer Scheckschbier geschbield ham bei eich derheeme in deiner Mudder ihrer guden Stuwe?

Jo Hanns Rösler

Mädchenlist oder die Bekehrung eines Junggesellen

»Warum sind Sie noch immer Junggeselle, wenn Sie sich daheim ohne jedes Risiko eine Frau auswählen können? Schicken Sie darum noch heute die beigeschlossene Karte unterschrieben an uns zurück, wir senden Ihnen zur Ansicht eine passende Lebensgefährtin einen Abend ins Haus. Sie haben auf diese Weise die angenehme Möglichkeit, die Gemütlichkeit Ihres Heimes zu zweit ausprobieren zu können . . .«

Die Heiratsbüros haben von den Schallplattenfirmen und Rasierklingenfabrikanten eine Menge gelernt, dachte Herr Möbius, als er den langgestreckten Brief in seiner Hand hielt. Bei Nichtgefallen Rücksendung. Da er einem Scherz nicht abhold war, schickte er die beigelegte Karte unterschrieben zurück. Als Datum nannte er den nächsten Sonntag.

Am Sonntagabend saß Herr Möbius nicht ohne Erwartung. An sich war ihm der Gedanke, zu heiraten, gar nicht so unangenehm. Er harrte der Dinge, und die Dinge traten an ihn heran. Es läutete. Herr Möbius öffnete. Eine Dame stand vor ihm.

»Ich komme auf Ihre Karte, mein Herr«, sagte sie verlegen.

Herrn Möbius verschlug es die Rede.

Was er vor sich sah, glich einem Museumsstück. Die Dame war gut erhalten, aber eben gut erhalten. Wohl strömte eine freundliche Behaglichkeit von ihr aus, sie schien auch nicht ungebildet, aber seine Ehefrau hatte sich Herr Möbius ein wenig anders vorgestellt, wesentlich anders.

»Bitte, treten Sie ein, gnädige Frau.«

»Bin ich wirklich willkommen?«

»Sie sind es.«

Er führte sie in das Zimmer, bat sie, Platz zu nehmen, und füllte zwei Gläser mit Portwein, um seiner ersten Verlegenheit Herr zu werden.

»Sie tragen sich mit der Absicht, zu heiraten?« fragte die Dame.

Herr Möbius fand die Frage ein wenig zu direkt.

»Ich folgte lediglich der Anregung eines Briefes, der ich Ihren Besuch verdanke«, antwortete er ausweichend.

»Sie sagen es nicht sehr fröhlich.«

»Die Situation ist ungewöhnlich.«

»Sie ist es«, sagte die Besucherin, »auch mir bereitete es ein gewisses Unbehgen, Ihr Haus zu betreten. Allerdings bin ich reich, das gibt einem auch bei diesem ungewöhnlichen Schritt eine gewisse Sicherheit.«

Nicht für eine Million, dachte Herr Möbius, das Eheleben besteht nicht nur aus Geldzählen, ein armes Mädchen hat noch immer einen Mann glücklicher gemacht als ein reiches. Die Gewißheit allerdings, einer Dame mit Vermögen gegenüber zu sitzen, erleichterte seinen Entschluß, von dem ihm garantierten Rückgaberecht Gebrauch zu machen.

»Es freut mich, daß Sie so jung aussehen«, sagte die Dame unerwartet.

»Darf ich Ihnen das Kompliment zurückgeben, gnädige Frau?«

Sie hob mit lachender Abwehr die Hand.

»Die Witwenjahre machen nicht jünger und nicht hübscher.«

»Und jetzt wollen Sie sich wieder verheiraten?«

Sie sah ihn belustigt an, wartete eine Weile, dann sagte sie:

»Ich? Niemals!«

»Ja — aber —« stotterte Herr Möbius.

»Warum ich dann zu Ihnen gekommen bin? Ganz einfach, ich wollte mich einmal bei Ihnen umsehen, ob Sie das Zeug zu einem ordentlichen Ehemann haben. Sie haben es. Sie sind ritterlich. Ich bemerkte mit Vergnügen, wie Sie Ihren Wunsch höflich verbargen, mich so schnell wie möglich los zu werden.«

»Gnädige Frau! Ich bitte Sie!«

»Doch. Doch. Oder lieben Sie mich etwa?«

»Wir kennen uns erst kurz«, sagte Herr Möbius höflich.

»Eben. Und je länger wir uns kennen, desto älter werde ich. Zu Ihnen aber paßt besser ein junges Mädchen. Sie werden sie glücklich machen.«

»Wenn ich sie liebe — bestimmt!«

»Sie werden sie lieben, wenn Sie sie sehen«, sagte die Dame, »ich bin nur der Vortrupp, die Mutter. Meine Tochter ist Stenotypistin in dem Heiratsbüro und hat unglücklicherweise Ihre Karte in die Hand bekommen. Das Kind ist erst neunzehn und hat sich in den Kopf gesetzt, Sie kennenzulernen. Als Mutter sieht man vorher gern nach dem Rechten. Darf Angelika hereinkommen?«

Zehn Engel hatten ihre Schönheit abgegeben, um Angelika damit zu schmücken. Als sie längst nach jenem denkwürdigen Sonntag Frau Möbius geworden war, gestand sie ihrem Mann:

»Alles war Schwindel! Immer nur wollte ich dich. Darum erfand ich die Geschichte vom Heiratsbüro mit Ansichtssendung und schrieb den Brief.«

»Und wenn ich den Brief unbeantwortet gelassen hätte?«

»Du wärst mir nicht entkommen«, lachte Angelika zärtlich, »wenn ein verliebtes Mädchen einen Mann haben will, dann bekommt sie ihn auch.«

Joachim Ringelnatz

Volkslied

Wenn ich zwei Vöglein wär,
Und auch vier Flügel hätt,
Flög die eine Hälfte zu dir.
Und die andere, die ging auch zu Bett.
Aber hier zu Hause bei mir.

Wenn ich einen Flügel hätt
Und gar kein Vöglein wär,

Verkaufte ich ihn dir
Und kaufte mir dafür ein Klavier.

Wenn ich kein Flügel wär
(Linker Flügel beim Militär)
Und auch keinen Vogel hätt,
Flög ich zu dir.
Da's aber nicht kann sein,
Bleib ich im eignen Bett
Allein zu zwein.

Herbert Rittlinger

Indianerinnen bringen nur Verdruß

Zwar waren wir fast alle aus Sachsen, aber der alte Mann war am sächsischsten von uns: Er sprach das reinste Hochdeutsch. Das hing nicht damit zusammen, daß seine Eltern schon Ende der fünfziger Jahre *herübergemacht* waren. Vielmehr erklärte er allen Ernstes, schon während der Aufklärungszeit im 18. Jahrhundert, als Johann Christoph Gottsched wirkte, sei das beste Deutsch in Leipzig gesprochen worden. Den alten Mann nannten wir alten Mann, weil er schon 16 war, aber wie 13 aussah. Dafür war er der beste Hockeyspieler der Schule, an der B. O. J. Lehrer war. Außerdem konnte er auf den Händen laufen, den Kopf nach unten. Das sah ulkig aus. Besonders ulkig sah es aus, wenn er aus Verdruß auf den Händen lief. Außerdem hieß er nicht Max, sonder Mox. Mox-Arthur mit o.

Wir lagen auf einer Dünenkuppe im heißen Sand vor den Zelten. Geruch von Sonnenöl, Haut und Hitze breitete sich aus. B. O. J. lag wie ein fauler Faun auf seiner herausgeholten Luftmatratze. Das Aveckle (so wird meine Frau genannt, zu ändern geht das nicht mehr) hatte den kleinen Handkoffer unters Vordach gezogen und schrieb einen Brief an unsere Tochter.

Liebes Tochtermäuschen, schrieb sie, *nun sind wir mit unseren Booten immer wieder gefahren. Das Wasser wurde immer größer und dann waren wir auf der Nordsee. Da waren keine Wiesen und Häuser in Blumengärten mehr zu sehen . . .*

Dazu machte sie eine Illustration, wie wir allein mit den Booten auf der Nordsee waren, und Seehündchen und ein großer Fisch schwammen hinterher. Dann zeichnete sie, wie B. O. J. den großen Fisch für die Stellersche Seekuh hält. Der alte Mann sah ihr über die Schulter hingerissen zu. Daraufhin bezeichnete sie den alten Mann, wie er seekrank ist, mit einem Pfeil: *Möxchen ist seekrank.*

Das nahm ihr der alte Mann übel. Das Aveckle hatte sich nichts dabei gedacht, und der alte Mann war gekränkt, weil er von ihr, die er so verehrte, verraten worden war. Er versuchte, sich nichts anmerken zu lassen. Aber als er über die Zeichnung lachte, konnte jeder sehen, wie gekränkt er war. Gekränkt warf er sich auf die Hände und lief kopfunten hinweg.

»Er hat schon den ganzen Tag Verdruß«, sagte B. O. J. »Laßt ihn nur. Er hat Weltschmerz. Das ist die Acceleration bei den heutigen Jungen. Infinitesimalrechnung ist ihnen ein Vergnügen und Heidegger Ferienlektüre. Aber gleichzeitig sind sie mit 16 noch im Indianerzeitalter.«

»Ist doch kein Fehler«, sagte meine Frau.

»Wenigstens das letzte ist keiner.«

»Ihr kennt doch seine Geschichte mit der Indianerin?« fragte B. O. J. »Nein? Na, es war also eine richtige Indianerin, wenigstens zur Hälfte. Ein Jahr älter als er. Der Vater war ein in Radebeul ansässig gewordener Indianer namens Rashoomon —«

»Verwechselst du den nicht mit einem japanischen Film, der so hieß? Feiner alter Streifen!«

»— oder so ähnlich. Die Mutter aus Dresden. Eine sächsische Hausfrau. Eine Hausfrau aus Sachsen. Fuhren mit einem größeren Zirkus hier im Westen herum. Aus irgendeinem Grunde blieb der Staatszirkus oder was er war (oder einige Wagen davon) etwas länger auf der Osterbleichen. Mox war jeden Nachmittag dort. Ich glaube, Cora hieß sie. Der Alte warf Messer und zauberte. Na, wenn die Jungen sich vergaffen, dann sagen sie kein Wort davon, natürlich nicht. Obwohl er mit der Gruppe zu Ostern auf Fahrt war. Aber man merkt es zehn Meilen gegen den Wind. Dann die Leistungen! Der altphilologische Kollege klagte, daß Mox nicht einmal mehr das einfachste Konjunktiv-Konditinalplusquamperfekt mehr hinbekam. Zum Beispiel mit dem Verbum *mori:* O würde ich doch gestorben sein! Da habe er, Mox, den Kollegen gefragt, ob er nicht ein passendes Verbum konjugieren dürfe, sozusagen ein mehr das praktische Leben be-

89

treffendes. Die ganze Klasse hat Beifall gebrüllt. Tadel ins Klassenbuch. Am nächsten Tag hat sich Mox bei dem Kollegen entschuldigt. Es wäre alles gutgegangen, wenn er bei seiner Entschuldigung nicht hinzugefügt hätte, daß er eingesehen habe, daß sterben ein sehr praktisches Verbum sei — stellt euch so eine Frechheit vor!«

»Ja«, sagte ich. »Stell dir aber auch so eine Indianerin vor. Mit schwarzen Zöpfen und einem richtigen Indianer als Vater! Wenn auch aus der Hinterlassenschaft Karl Mays aus Radebeul.«

»War sie schön?« fragte meine Frau.

»Eigentlich nicht«, sagte B. O. J. »Aber ganz apart. Die Sächsinnen sind ja sehr hübsch. Weil sie eine gute Mischung sind. Von Böhmen bis zu den Cheruskern. Na, nun stell dir vor, von Radebeul bis zu den Blackfoots! Ich habe sie mir angesehen. Machte einen ganz vernünftigen Eindruck. Nur etwas scheu. Natürlich zogen sie weiter.«

»Natürlich. Es bringt nichts als Verdruß mit so einer Indianerin.«

»Sie zogen mit dem Zirkus weiter nach Schweden. Und dann stand in der Zeitung, daß ein Elefant von diesem Zirkus die Notbremse gezogen habe. Kurz vorm Bahnhof Jönköping hat er die Notbremse gezogen. Mox war ganz aufgeregt, als er das gelesen hatte. Er hat mir die Meldung gezeigt.«

»Endlich einmal eine vernünftige Meldung in der Zeitung«, sagte ich.

»Ihr seid böse«, sagte meine Gattin. »Ihr seid böse Große.«

»Ach wo«, sagte ich. »Wir können doch weiß Gott nicht noch Schnubbili-Bubbili zu ihm sagen. Er ist doch selber schon erwachsen. Wir behandeln ihn als unseresgleichen. Wir sind auf einer harten Seefahrt und momentan auf einer Insel. Da können wir ihn doch gar nicht anders behandeln.«

»Das ist es eben«, sagte das Aveckle. »Ihr behandelt ihn zu sehr.«

»Er ist natürlich ein bißchen ein Einzelgänger«, sagte B. O. J. »Aber das sind viele, die besten in dem Alter. Sie halten sich für besonders abgesondert aus der Welt der Großen. Woher auch sollen sie wissen, wie belanglos die zumeist ist. Wie gern würden sie vor mancher Gnade des Schauens und Schaffens erschauern. Aber sie verbergen es unter einem Panzer von Schnoddrigkeit. Bin ich abgeschweift?«

»Du bist nicht abgeschweift«, sagte meine Frau.

»Wer riecht hier eigentlich so nach ranzigem Öl?« fragte B. O. J. »Bist du das, Marianne?«

»Wir riechen hier alle nach Öl«, sagte das Aveckle. »Es ist in der Hitze ranzig geworden. Wir sind alle mit ranzigem Öl gesalbt.«

90

»Eigentlich habe ich den Geruch ganz gern«, sagte B. O. J. »Erinnert an Indianerinnen.«

»Danke«, sagte meine Frau.

»Du siehst wirklich aus wie eine Indianerin, Marianne«, sagte B. O. J. »So braun und glatt und nichts an. Zum Anbeißen.«

»Willst du nicht das Thema wechseln?« sagte meine Frau.

»Wieso«, fragte B. O. J. »Hast du was gegen Indianerinnen, die nichts anhaben?«

»Nein«, sagte ich. »Sie hat nur etwas gegen Südseemädchen. Überdies reiben sich die Südseemädchen mit Kokosöl ein, das stinkt noch mehr. Aber es ist auch so ein Naturgeruch. Es ist ganz prima, wenn sie sich eingeölt haben und glänzen und nach Natur riechen. Außerdem baden sie alle Tage. Wenigstens auf Kapingamarangi und Ponape, und auf den Palaus baden sie jeden Tag in Regenwasser oder kleinen Süßwassertümpeln. Es sind erfreuliche Mädchen.«

»Komm wieder«, sagte meine Gattin.

»Ja«, sagte ich. »Ich geh jetzt.«

Am Nordstrand kam mir Mox-Arthur entgegen.

»Was ich hier hab!« rief er und hielt eine Flasche hoch.

»Sieh dir das an!«

Wahrhaftig eine Flaschenpost! Gut verkorkt und versiegelt mit zwei Zetteln darin. Wir bröckelten den Siegellack ab, wußten dann aber nicht weiter, weil wir nichts dabei hatten. Es ist ein großer Nachteil, wenn einem alle Taschen fehlen.

Wir versuchten, einen großen Stein zu finden, an dem wir den Flaschenhals aufschlagen konnten. Aber auf dem leuchtenden, reinen Sand war weit und breit kein Stein, nur Muscheln. Millionen von Muscheln, große und kleine und winzige mit und ohne Einsiedlerkrebsen; und da waren tausend wunderliche Gebilde angespült: sandverwehte Kisten und anderes Strandgut, bleiche Schiffstrümmer und über Bord Gewischtes; Treibholz in den wunderlichsten Formen, Tang und Seegras gezackt und schwarz in der gleißenden Weite am Spülsaum der Flutgrenze. Dort fanden wir eine flaschengrüne Fischerkugel aus dem Netz. Darauf festhaftende Kalkgehäuse von Seepocken verliehen ihr ein fremdartiges Aussehen von großer Schönheit.

An ihr zerschlugen wir den Hals unserer Flaschenpost. Wir angelten die beiden Zettel heraus. Einer englisch, einer französisch: *MV Bastogne* steht auf jedem. *Bound from New York to Antwerp:* Diese Botschaft wurde am 7. Juli um 18 Uhr GMT von Bord des belgischen Motorschiffes »Bastogne« geworfen auf der Höhe von West Hinder-Feuerschiff. Die

Person, die dieses Dokument auffindet, wird herzlich gebeten (kindly requested/est prié de bien vouloir de faire parvenir à . . .), es unter Angabe des Auffindungsortes und Datums zu senden an: Mademoiselle Allard, 30, rue de l'Université, Douai (Nord) France. Many thanks! Merci. F. Benoit (oder Benoids, die Unterschrift war unleserlich), Kadett an Bord (Junior officer on board).

Gefunden (Trouvé à/found at) . . .

Am (le/on) . . .

Von (Par/by) . . .

Adresse (Adresse/Adress) . . .

THANK YOU!

»Was sagst du dazu?« fragte der alte Mann. »Reizend«, sagte ich. »Schicken wir morgen mit der Frühpost hin. Fräulein Allard wartet schon mit Schmerzen darauf.«

»Reizend nennst du das?« sagte der alte Mann. Er war irgendwie auf der Palme. Heute war einfach nichts anzufangen mit ihm. »Junior Officer! Und alles mal groß, mal klein geschrieben. So'n Schnösel.«

»Na, erlaub mal. Kann ein ganz netter Typ sein.«

»Und treibt Mißbrauch mit Seenotzeichen! Stell dir vor, alle Typen auf allen Schiffen schreiben per Flaschenpost an ihre Miezen. Da nimmt ja keiner mehr eine Flaschenpost ernst, wenn wirklich ein Schiff in Not gerät oder sonst etwas los ist.«

»Wenn ein Schiff untergeht, fehlt es meist an Siegellack oder an der Flasche, und keiner hat einen Bleistift bei sich.«

»Hä?« machte der alte Mann.

Ich entgegnete ernst: »S. T. M.«

»Ach so«, sagte der alte Mann. »Na klar. Der nette junge Junior Officer studiert nur die Strömungsverhältnisse. Er ist ganz wild darauf, seine nautischen Kenntnisse zu vervollkommnen. Deshalb werden wir seinen Fragebogen gleich an sein liebes Mädelchen nach Antwerpen schicken.«

»Nach Douai! Nach Frankreich.«

»Wollen wir nicht lieber anrufen?« sagte der alte Mann. »Und was soll eigentlich dein Ess-teh-emm heißen?«

»Weiß ich selber nicht. Fiel mir gerad so ein.«

»Wir können auch per Flaschenpost antworten«, sagte der alte Mann. »Geht schneller. Von einsamen Inseln aus werden Flaschenposten postalisch doch wohl noch zugelassen sein?«

Ich nahm die beiden Zettel und die surrealistische Fischerkugel. Draußen lief die See mit faulen Rollern hin und her. Wir gingen immer weiter am Nordstrand entlang vom Lager auf unserer Düne hinweg. Die Sonne stand hoch und glühend am wolkenlosen Firmament. Seit dem Eintritt der Ebbe kam kaum noch Wind vom Wasser her über den Sand.

»Würdest du nicht auch gern zur See fahren?« fragte ich den alten Mann im Stile eines wohlwollenden Onkels.

»Nö«, sagte der alte Mann. »Flugkapitän. Die Luftverkehrsgesellschaften zahlen mehr. Man kommt auch viel schneller vorwärts. Beruflich, meine ich. Nur die Ausbildung ist lang und teuer. Deshalb gehe ich erst zur Luftwaffe, um die Ausbildung dort zu machen.«

»Gott behüte die vor dir«, sagte ich.

»Man muß heutzutage alles mitnehmen«, sagte der alte Mann.

Ich versuchte, dem Gespräch eine andere Wendung zu geben. Aber Mox blieb hartnäckig.

»Ich hatte dich mir ganz anders vorgestellt. Nicht, daß du mich direkt enttäuscht hättest —«

»Ja« sagte ich. »Die Abenteurer mit dem kühnen Wesen.«

»Na, lassen wir das«, sagte der alte Mann. »Um ein Haar wäre ich ja auch Clown geworden.«

»Erlaub mal! Wie soll ich das › auch ‹ auffassen!«

»Ach so«, sagte der alte Mann. »So direkt war das nicht gemeint.«

»War das anläßlich mit Cora?«

»Ja«, sagte Mox. »Natürlich hat euch B. O. J. davon erzählt. Also, das ist alles Unsinn, was er erzählt. Davon darfst du überhaupt nichts glauben.«

»Aber eine Indianerin war sie doch?«

»Ja. Zur Hälfte. Aber es ist nicht das.«

»Nein«, sagte ich. »Es ist nicht das.«

»Also der Alte war ein richtiger Blackfoot. Gehören zu den Algonkin. Sah pri-m-a aus!«

»Obwohl er sächsisch sprach?«

»Ja. Wenn er doch schon so lange unter den Bleichgesichtern ist. Aber echt war er. Ich glaube natürlich nicht mehr an Indianer. Aber echt war er doch. Du hättest einmal sehen sollen, wie er die Messer warf! Ssst-zack — ssst-zack — ssst-zack. Cora verzog keine Miene. Nur schade, daß er noch mit weißen Kaninchen zauberte.«

»Paßt nicht zu einem Blackfoot.«

»Nö. Natürlich nicht. Es ginge noch, wenn er mir nicht eines Tages vertraulich erklärt hätte, daß er die weißen Kaninchen gar nicht brauchte. Die hielt er sich nur wegen des Geredes der Kollegen. Er zauberte stets frische. Und schwupp — hatte er schon eins.«

»Da hat er dich schön auf den Arm genommen.«

»Wenn's nur so gewesen wäre! Aber beim Kaffeetrinken hat mir Coras Mutter — sie machte den besten Streuselkuchen von allen im Zirkus — so komisch zugezwinkert. Und da hab ich gemerkt, daß ihr Häuptling nicht mehr alle Tassen im Schrank hatte.«

»Nee«, sagte ich. »Hat er nich' bei stets frischen Kaninchen.«

93

»Es war eine furchtbare Enttäuschung für mich«, sagte der alte Mann. »Wo ich doch gerade Artist werden wollte.«

»Nanu, ich denke Flugkapitän?«

»Na, weißt du«, sagte der alte Mann jovial: »In der Jugend hat man doch mal solche Anwandlungen.«

»Alles bloß wegen so eines Mädchens«, sagte ich. »Wo du auf dem Pennal nicht einmal schlecht stehst.«

»Laß das Mädchen aus dem Spiel«, sagte Mox. »Cora war in Ordnung. Nicht einmal mein zu jugendliches Aussehen hat ihr was ausgemacht, so in Ordnung war sie —«

Hier mußte den alten Mann die Erinnerung so überwältigt haben, daß er sich auf die Hände warf und kopfunten davonlief.

»Wenn wir aufs Festland kommen«, rief ich ihm nach, »schicken wir aber gleich die Flaschenpost weg.«

Anton Günther

Es ganze Paar

In der öbern Stub dos gonge Paar
is itze verheiert schu über e Gahr;
of aamol habn se ven Storch gehärt,
deß'r wos Klaas brenge werd.

Dos war ne Freid, gar net zen sogn,
wos die zwaa Leit e su agaabn hobn.
Neigierig warn se, es war ne Pei,
öb's e Gongel oder e Maadel werd sei.
'r sat: Paß auf, richt e Kladdel z'samm,
werscht saah, deß mir e Maadel habn.

Gieh när Latsch, sat se, e Gongel waarn
   mer kriegn,
werscht saah, wenn's werd in der Wieg
   drinne liegn.

Nu habn se gestrieten alle zwaa,
der Storch hot immer e Mol nooch-
   gesaah
do is'r Mol komme in finsterer Nacht
on hot geleich e Gongel on e Maadel
   gebracht.

94

Horst Wolfram Geißler

Nicole

Nur weil er's auch tagsüber zu tun pflegte, schlenderte der Chevalier über die Terrasse hinab zum Fluß. Dort, unter den Bäumen, war es wirklich finster. Trotzdem fand er sogleich die Bank, und während er tastete, ob sie vielleicht zu nachtfeucht sei, geriet seine Hand an etwas, was wohl nur ein Rock oder ein Wäschestück sein konnte. Jedenfalls hing dieses Etwas recht ordentlich über der Banklehne, und die weitere Untersuchung, die mit der behutsamen Geräuschlosigkeit vorgenommen wurde, ergab, daß unter der Bank zwei Pantöffelchen standen. Da vollends und außerdem noch ein ziemlich großes, wohl zusammengefaltetes Handtuch lag, mußte der Baron den Gedanken aufgeben, daß etwa Undine persönlich ihrem Element entstiegen sei, denn er hatte noch nie gelesen, daß Wassernixen sich mit Handtüchern abtrocknen. Die Angelegenheit wurde dadurch zwar weniger unheimlich, zugleich aber auch menschlicher.

Mit aller Vorsicht und nach Möglichkeit im dunkelsten Schatten trat er vollends bis ans Ufer, wobei er sich überdies auf die Schwärze seines Mantels verließ. So angestrengt der Baron auch ausspähte, nirgends ließ sich etwas Ungewöhnliches entdecken. Der Einfall, daß sich

hier jemand ein Leid angetan haben könnte, kam ihm zwar, wurde aber sogleich verworfen, da ein Selbstmörder schwerlich ein Handtuch mitgebracht hätte. Solchermaßen immer neugieriger und sogar prickelnd vergnügt, hielt er sich still und wartete, wie diese Überraschung wohl enden würde. Lange konnte es nicht dauern, denn das Wasser des Allier mußte schon ziemlich kühl sein.

Es dauerte aber doch lange, seiner Schätzung nach stand der Baron schon eine halbe Stunde regungslos da und begann wirklich unruhig zu werden — als am anderen Ufer, einen Steinwurf flußaufwärts, im dichten Ufergebüsch ein Lichtschimmer sichtbar wurde, der nur von einer aufgeblendeten Laterne herrühren konnte und nach wenigen Augenblicken wieder verschwand.

Während dieser Augenblicke war jemand geschwind ins Wasser gepatscht, und sie hatten auch genügt, den heimlichen Beobachter ins Bild zu setzen. Jemand kam, teils watend, teils schwimmend, schräg über den Fluß herüber, und als er schon wieder Boden unter den Füßen hatte, rührte sich der Chevalier und sagte recht sanft: »He, Nicole!« Worauf Nicole schleunigst bis ans Kinn untertauchte.

95

»Du brauchst keine Angst zu haben«, sagte er, »es bleibt unter uns, daß du um Mitternacht Fische mit der Hand fängst. Nun komm aber aus dem Wasser, du erkältest dich sonst ernstlich.«

»Hu«, sagte Nicole.

»Heraus, du Schaf! Es ist so finster, daß du dich nicht zu schämen brauchst, übrigens scheinst du dich auf dem anderen Ufer auch nicht besonders geschämt zu haben, aber das ist deine Sache, ich kümmere mich nicht darum. Nun aber heraus mit dir, oder Louison wundert sich morgen über deinen Schnupfen!«

»Mein Gott!« sagte Nicole.

»Den wollen wir aus dem Spiel lassen und nur hoffen, daß er ein Auge zudrückt, ebenso wie ich. Hier hast du dein Handtuch, kleine Undine.. — Was, nichts als ein Hemdchen und den Rock? Da, nimm meinen Mantel, er ist dir zwar viel zu groß, aber das macht nichts, wickle dich gut hinein und setzte dich neben mich auf die Bank. O du grundschlechtes Frauenzimmer. Wer war das da drüben mit der Blendlaterne?«

»Es war —,« antwortete Nicole ein wenig zähneklappernd, »aber sagten Sie nicht vorhin, daß es Sie nicht kümmert?«

»Ich mache mir nur Gedanken —«

»Es war Armand«, sagte sie schnell und entschlossen.

»Ich kenne keinen Armand.«

»Freilich kennen Sie ihn: den Postillon, der die Herrschaften hierherbrachte, Louison, die Mutter hat ihn hinausgebissen.«

»Wie kommt er dann hierher?«

»Wenn er mich doch liebt«, sagte Nicole. Entweder weil sie fror, oder weil sie von der wunderbaren Tatsache, daß Armand sie liebte, so beseligt war, vielleicht auch, weil sie Grund hatte, müde zu sein, kuschelte sie sich an den Chevalier, der dagegen nichts weiter unternahm, als schützend und wärmend seinen Arm um sie zu legen. Aber auf den Gedanken, daß sie es nur aus lauter Durchtriebenheit tat, kam er nicht, denn er war ein Mann.

»Hm, soso«, murmelte er.

»Und deshalb hat sich Armand bei einem Bauern da drüben verdingt, aber das darf niemand wissen.«

»Konntest du denn nicht über die Brücke?«

»Die ist so weit weg, eine Viertelstunde.«

»Hm, soso«, sagte Jean de Batz abermals.

»Und weshalb kommt er nicht herüber? Das wäre doch das natürlichste.«

»Wenn er doch nicht schwimmen kann!«

»Dann allerdings. Höre, Nicole, meiner Schätzung nach bist du mindestens eine Stunde auf dem jenseitigen Ufer gewesen. Warst du dabei immer nur mit nichts anderem als deiner Tugend bekleidet? Dies scheint mir etwas spärlich.«

»O nein, Armand bringt stets eine Pferdedecke mit.«

Hans Siegert

's hot halt jeds a bissel noochgabn

Der alte Hammerlieb hot heit sei Fraa, sei alte gute Lina, begrobn. Ball fuffzig Gahr hatten se mitenanner Frahd und Laad of dare putzing Ard mitenanner getrogn, un nu is se gange un hot'n allaa gelossen. 's kimmt ne hart ah, wenn er dra denkt, doß er sich nu sei Tippel Kaffee un sei bissel Assen salber kochen muß! Un wie er nu asu dositzt in seiner Stub un simeliert, do kimmt der alte Hammer-Edeward, sei Kamerad in biesen un guten Zeiten, un will ne a wing trösten.

»Ich hätt net gedacht«, sogt der alte Lieb, »doß's enn asu mietnamme könnt, wenn enn de Fraa wagstorbt.«

»Ja ja, Bruderherz«, sagt der Edeward, »ich hob's fei selber dorchgemacht; ich waß wie's tut. Un waßt de, Gottlieb, sötte Fraa, wie die Lina — der liebe Gott hob se salig! — a sötte Fraa verliert mer net garn.«

»Naa, die verliert mer net garn!« maant der Gottlieb.

»Un ich gelaab, ihr zweea hatt eich in eiern lange Labn kaamol net gezankt.«

»Na, dos gob's bei uns net; mir hobn uns net gezankt, do is heilige Ruh!«

»Ja, ja, ich hob's eitel zu meiner Alten gesaht, wie se noch labet — tröst se der liebe Gott! — der Gottlieb un sei Lina, hob

ich gesaht, der Gottlieb und sei Lina, die sei wie a Gespann Ochsen, dos sich gut zammgewöhnt hot'.«

»Asu is's, wie a Paar Ochsen, die gut zammgewöhnt sei — aus war'sch bei uns, grod asu war'sch!«

»Ja, bei eich hot's kenn Streit gabn: wie du wolltst, aus wollt aah dei Lina, und

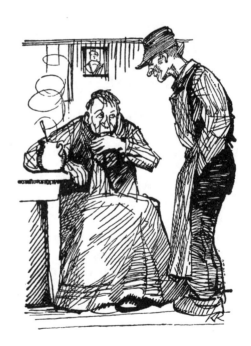

wie dei Lina wollt, asu wolltest du halt
aah. Oder, wenn aans wiste will un's an-
nere hotte — noochert hot's 'n
Schleider!«
»Host racht, Edeward, noochert hot's 'n
Schleider! — Freilich, wenn ich dra denk
— — 's kam derwagn aah amool miet vür,
daß iech hotte wollt un mei Lina wiste;
na, do hot halt jeds a wing noochgabn,
un dernooch gahng's Schrietel vor
Schrietel wetter.« —

Nu war'sch amol a wing stiller. Jeds vun
dan zwee alten leiten raachet sei Pfeif un
hott senn Gedanken noochgehange. Of
amol fuhng der Edeward wieder ah:
»Horch, Gottlieb, ich muß amol racht
dumm fregn: Dei Lina wollt wiste, un du
wolltest hotte, un jeds hot ab bissel
noochgabn — wie hatt ihr dä dos gemacht? Do seid ihr wuhl gerodaus
gefahrn?«
»Naa«, saht der Gottlieb, »wiste.«

Herbert Andert

Pauline, nu wird Huxt gemacht!

Pauline, nu wird Huxt gemacht!
Ich hoa doas Ding nu dicke!
Acht Juhre gih mer schun zusoamm',
wird denn do kee Geschicke!
Pauline meent: »Oack immer zu,
's leit oack an dir, dr Moan bist du!«

   Ja unse Huxt, doas wird a Luderding,
   zu assen gibbts genung.
   Do wird getanzt, gejuxt und ne zu
      wing,
   ja, mir senn oack eemol jung!

De ganze Freindschaft load mer ei.
War will kimmt zu Besuche.

A Fassel Bier wird oagestackt,
's gibt Koaffee und o Kuche.
De Musik spielt dr ale Loob,
'n Bitter macht dr loahme Schob.

   Ja unse Huxt usw.

Verreesen tu mer noa dr Huxt.
Do loof'ch mit dr Pauline
vu Leckerschdurf noa Cunnerschdurf
und wetter bis Grußschiene.
De hoalbe Welt kinn merch besahn
und brauchen ne an Pfeng ausgahn!

   Ja unse Huxt usw.

98

Bei uns zu Hause in Sachsen

Aus dem Volksmund
(eingesandt von Gerhard Weber)

Sachsenlied

Ich will mal mein Sachsen besingen
das Land voller Witz und Humor
an Helligkeit ragt in Europa
vor allem mei' Sachsenland vor
In Leipzig da ham'r die Messe
in Meißen da blüht uns der Wein
In Dresdn da wohnt die Noblesse
mei Sachsenland wie bist du fein.

Zu Pfingsten bei scheenem Wetter
rennet alles zur Sächsischen Schweiz
die Berge sin och nich kleene
der Amselfall hat seinen Reiz:
zwee Eemer voll Wasser die stürzen
mit Sausen und Brausen hinein
dafür mußt'n Groschen bezahlen
mei Sachsenland wie bist du fein.

Den Kaffee den trink m'r och gerne
aber sisse daß muß'r schon sein
ne Bohne die kommt uff sechs Tassen
heerjemerschnej wie schmeckt das fein
dazu da eß m'r och Kuchen
den weersch m'r gemiedlich hinein
das mach m'r och so bei Besuchen
mei Sachsenland wie bist du fein.

Und tun sich zwee Sachsen
mal streiten, da gehn se
nich gleich uffs Gericht
die nähm sich ganz tüchtig beim Kragen
und haun sich ne kräftige rein
dann tun se sich wieder vertragn
mei Sachsenland wie bist du fein.

Gertraud Kietz

Heute ist Tauch'scher!

Es gibt ein Fest, das wir Leipziger Kinder ganz für uns allein haben. Nirgends sonst in der Welt wird es gefeiert, und kein Erwachsener redet uns darein. Das ist unser Tauch'scher.

Alljährlich im Herbst wird dieses Fest begangen, und zwar immer an jenem Montag, an dem in Taucha, einem in der Nähe gelegenen, jetzt unbedeutenden Landstädtchen, der Jahrmarkt stattfindet. Dieses kleine Städtchen Taucha soll vor Zeiten einmal den Ehrgeiz gehabt haben, Leipzig überflügeln zu wollen. Daraufhin zogen die Leipziger Studenten in allerlei lustigen Verkleidungen auf den Tauchaer Jahrmarkt und verulkten und verspotteten den Größenwahn der kleinen Stadt. Diesen Scherz wiederholten sie regelmäßig in jedem Jahr, und es wurde ein fester Brauch daraus. Wie das aber mit vielen Bräuchen geschah, so ging es auch hier. Im Laufe der Zeit wurde er von den Erwachsenen aufgegeben und vergessen, aber er lebte in abgewandelter Form weiter in der Kinderwelt. Und aus dem Studentenulk wurde ein reines Kinderfest.

Von dem einstigen Ursprung des Festes blieb dreierlei erhalten: der Zeitpunkt, die Improvisation und die Verkleidung.

Auf den Tauchaer Jahrmarkt zogen die Kinder nicht hinaus, wohl aber bestimmte er nach wie vor den Zeitpunkt des Festes. Wahrscheinlich war der Jahrmarkt kalendermäßig nicht genau festgelegt. Wir Kinder aber wußten nie im voraus genau, an welchem Herbstmontag unser Tauch'scher stattfinden würde. Jedes Jahr erlebten wir eine freudige Überraschung, wenn die Zeitung verkündete, daß am kommenden Monat in Taucha Jahrmarkt sei. Diese Mitteilung erschien in den Blättern erst zwei oder drei Tage vor dem Fest, aber das genügte uns vollkommen. Es gehörte nämlich zur Eigenart unseres Tauch'schen, daß man trotz aller Vorfreude so gut wie keine Vorbereitungen für ihn traf, sondern alles erst am Festtag selbst improvisierte.

Vormittags fand zunächst ungeschmälert der Schulunterricht statt, allerdings unter nicht ganz so ungeschmälerter Aufmerksamkeit der Schüler. Wenn dann aber beim Hinausstürmen aus den Schultoren die kleinen, noch nicht schulpflichtigen Kinder bereits in ihrem hellen bunten Staat einem begegneten, dann brandete die helle Festfreude hoch. Für das Mittagessen nahm man sich an diesem Tag nicht viel Zeit, und die Eltern

101

zeigten volles Verständnis dafür. Schularbeiten hatte man auch keine auf. So ging man denn vergnügt daran, sich zu verkleiden und dann auf der Straße mit den Kameraden sich zu treffen.

Mit Verwunderung habe ich später in Süddeutschland erlebt, daß man für den Fasching — den wir in Sachsen nicht kennen — bereits wochenlang vorher Vorbereitungen trifft und daß Mütter und Schneiderinnen auch für die Kinder kostbare, teure Kostüme aus Samt und Seide nähen. Das alles gab es bei unserem Tauch'schen nicht. Unbeschwert und erfinderisch und in echt kindlicher Anspruchslosigkeit verschafften wir uns selbst unsere Kostüme. Die Erwachsenen trugen nur durch ein freundliches Gewährenlassen dazu bei und durch Spendieren von ein paar bescheidenen Groschen zusätzlichem Taschengeld.

Für die Art der Verkleidung bestanden ganz bestimmte, feste Traditionen. Diese ungeschriebenen Gesetze waren besonders eindeutig für die Jungen. Mindestens fünfundneunzig Prozent von ihnen verwandelten sich in Indianer oder Trapper. Sie zogen dazu irgendeine lange Hose an, an deren Seitennähte sie farbige Papier- oder Stoff-Franzen geheftet hatten, beziehungsweise sich von ihren Schwestern aufnähen ließen. Dazu kam als unerläßliches Prunkstück entweder ein Trapperhut oder ein Federsturz. Für den Trapperhut benähte man einen alten Filzhut, dessen Krempe einseitig hochgeschlagen wurde, mit runden Metallplättchen. Den Federstutz bastelte man entweder selbst aus gesammelten Hühnerschwanzfedern, oder man kaufte ihn für wenig Geld beim Papierhändler. Mit besonderem Vergnügen beschmierten sich die Jungen die Gesichter oder den ganzen nackten Oberkörper mit kupferbrauner Farbe. Manche hängten einen Bettvorleger aus Fell um Schultern und Hüfte, andere drapierten sich mit einem roten oder gelben Halstuch. Das Kriegsbeil wurde aus Pappe geschnitten. Meist trugen die Jungen — wohl in einer Vermischung des Indianerwesens mit unklaren Vorstellungen von Germanen- und Rittertum — eine Bohnenstange als Speer und einen selbst hergestellten und kühn bemalten Papp-Schild.

So ausgerüstet rotteten sich die Jungen zu großen Kriegshaufen zusammen und lieferten sich gewaltige Verfolgungsjagden und Straßenkämpfe. Dabei hielten die Jungen bestimmter Nachbarstraßen zusammen und lagen in Urfehde mit den Mannen der angrenzenden Straßenzüge. So standen von altersher die Indianer der Oschatzer Straße, der Melscher Straße und der Schwarzackerstraße zusammen und kämpften gegen die Schönbachstraßler und die sehr gefürchtete Bande der Eichstädtstraße.

Weitere Einzelheiten über den Verlauf der Kämpfe und ihren tieferen Sinn kann ich leider nicht vermelden, da ich mich wegen mangelnder Sachkenntnis nicht dazu berufen fühle. Nur so viel kann ich mit Sicherheit sagen, daß ein dauerndes Umherjagen der wilden Horden und ein beinahe ununterbrochenes, ohrenbetäubendes Kriegsgeschrei offenbar das Wichtigste der ganzen Sache waren.

Uns Mädchen ging der ganze Indianerkram nichts an. Wir waren froh, daß die Jungen so eifrig in ihre eigenen Angelegenheiten verwickelt waren und infolgedessen keine Zeit hatten, uns zu ärgern. Nur wenn die einzelnen Rothäute mittags tatendurstig sich zu den Sammelplätzen begaben oder abends siegesgeschwellt heimkehrten, machten sie sich bisweilen einen Spaß daraus, uns zu erschrecken und zum Fürchten zu bringen. Aber im übrigen hatten sie zum Glück genug mit sich selber zu tun und ließen uns ungeschoren. Wir überließen ihnen bereitwillig die ganze Breite der Fahrstraßen, für unser eigenes Treiben uns mit den Fußwegen begnügend.

Von den wenigen Jungen, denen das rauhe Indianerwesen nicht lag, setzten die stillen, zurückhaltenden Naturen eine bunte Studentenmütze aus Papier auf und gaben überall ein dankbares Publikum ab. Auch waren es vorwiegend diese Stillen im Lande, die in bescheide-

nem Maße Zündplättchen zerknallten, was damals noch nicht mit Pistolen, sondern durch Aufstampfen mit dem Absatz geschah. Dieselben Jungen brannten abends Rot- und Grünfeuer ab, während die Rothäute Frösche knallen ließen.

Die restlichen Jungen waren die Spaßmachernaturen. Sie gingen als »Großvater«. Bei ihrer Kostümierung schwebte ihnen freilich weniger der liebe, alte, würdige Großpapa vor als vielmehr der abgerissene, verkommene, ungeschickte und nicht selten leicht betrunkene Trottel und Vagabund. Jedenfalls glich solch ein Bürschchen in Vaters abgelegtem, alten Anzug, der viel zu lang und zu weit um die schmächtige Knabengestalt herumschlotterte, und in einem möglichst uralten Filzhut, der den strubbeligen Jungenskopf bis über die Ohren verschwinden ließ, weit mehr einer Vogelscheuche als einem Großvater. Ein zu großer Spazierstock war als weiteres Requisit unentbehrlich.

So ausgestattet stolperten und torkelten die »Großväter« durch die Straßen und ergötzten den ganzen Nachmittag lang mit ihren Späßen die Kinderscharen, die sich überall sofort um sie sammelten und durch ihre Neckereien sie immer stärker in ihre Rolle hineinsteigerten. Manches echte Talent zur Komik kam dabei zum Vorschein, so daß sogar die Erwachse-

103

nen manchmal ein Weilchen stehen blieben und lachend solch kleinem Tausendsassa zuschauten. Durchlöcherte Jackentaschen, in die der Großvater mit stoischer Ruhe immer wieder oben etwas hineinsteckte und unter heraus verlor, spielten eine ziemliche Rolle in den Späßen, desgleichen Laternenpfähle, an die er anstieß, sie sodann von oben bis unten verwundert betrachtete und schließlich höflich grüßte, wobei er zum zweiten Mal mit der Nase gegen sie stieß oder über seine eigenen Beine stolperte. Vor allem aber sah er grundsätzlich keine Bordkanten, sondern fiel immer wieder der Länge nach hin. Manch einer der Knirpse lag wohl an diesem Nachmittag mindestens ebenso oft auf dem Pflaster als er auf ihm stand, natürlich zum nimmermüden Jubel der zuschauenden Kinder.

Als ich später in Süddeutschland den Fasching kennenlernte, habe ich mich über nichts so grenzenlos verwundert, als daß es dort Buben gibt, die sich einfach mir nichts, dir nichts, ohne jegliche Hemmung in Mädchen- oder Frauenkleider stecken und in dieser Rolle von den Kameraden durchaus nicht verspottet wurden. Als Mädchen sich zu verkleiden, wäre einem Leipziger Jungen überhaupt nicht auch nur von fern in den Sinn gekommen. Das stand jenseits aller Überlegungen und Pläne; denn es

wäre in unvorstellbarem Maße gegen die Jungenehre gegangen. Und gesetzt den Fall, es wäre doch einmal einer auf solche Idee verfallen, ich glaube bestimmt, er wäre so sehr dem vernichtenden Spott der Kameraden zum Opfer gefallen, daß er erstens nicht heil nach Hause gekommen und zweitens mindestens für seine ganze Schulzeit erledigt gewesen wäre. Aber wie gesagt, es fiel bei uns schon gar keinem Jungen ein, sich als Mädchen zu verkleiden. Den umgekehrten Fall dagegen gab. es. Mädchen, die in Seppelhose und grünem Tirolerhut umherspazierten, konnte man in Einzelfällen sehen und wurden von den anderen gelitten. Sie blieben aber — jedenfalls zu unserer Zeit — seltene Ausnahmen.

Für uns Mädchen schrieb die Tradition eine ganz andere Verkleidung vor. Das wichtigste Stück war eine Schürze aus farbigem Krepp-Papier, in der Form einer Dirndelschürze vergleichbar. Man bekam sie ganz billig beim Papierhändler, und ihr Kauf bildete einen bedeutenden Punkt des Festprogramms. Wie wundervoll war es, wenn der Verkäufer einen großen, dunkelgrünen Pappkasten aus dem Regal hervorzog und dann den knisternden bunten Inhalt auf dem Ladentisch ausbreitete. Wie selig stand man vor der Fülle von Papierschürzchen, die wie Zauberblüten, in allen Farben leuchtend, aus dem Kasten hervorquollen und bald den ganzen Tisch bedeckten. Ach, und dann die süße Unentschlossenheit der Wahl! Sollte man die kornblumenblaue Schürze mit der zitronengelben Rüsche nehmen? Oder die zartrosa, auf der zwei duftige, weiße Schleifen wippten! Aber nein, dort die reizende, himmelblaue Schürze mit den zarten, weißen Fransen war doch die allerschönste von allen.

Als zweites brauchte man notwendig eine Papiermütze. In vielerlei phantastischen Formen gab es sie. Eindeutig am beliebtesten waren aber immer die Rotkäppchenmützen. Mütze und Schürze waren unumgänglich nötig. Wem aber darüber das Geld noch nicht ausgegangen war, der kaufte voller Stolz noch eine Papierboa, eine richtige, kleine Boa, wie sie die Damen im Winter aus Pelz trugen. Nur war unsere aus duftig zartem, dicht gekräuseltem Seidenpapier hergestellt. Wir fanden eine solche federleichte, geheimnisvoll raschelnde und seidenweiche Papierboa wundervoll und jedenfalls viel schöner als echtes Pelzwerk, das wir als Kinder immer halb lächerlich und halb unheimlich fanden. Der Gedanke, daß Boa und Schürze ihrem Wesen nach eigentlich nicht zusammenpaßten, ist uns in alle unseren Kinderjahren nicht ein einziges Mal gekommen. Stolz trugen wir unseren bunten, papierenen Schmuck, und viele von uns hüteten ihn so sorgfältig, daß er viele Jahre lang hielt.

Ja, und dann spazierten wir den lieben, langen Nachmittag auf den Straßen umher, trafen uns mit den Kameradinnen, bewunderten uns gegenseitig, führten die von uns liebevoll herausgeputzten kleinen Geschwister voller Stolz an der Hand, drehten unsere Schnurren, lachten über die Späße der Großmütter und Großväter, fürchteten uns ein bißchen vor den Indianern und vor den knallenden Zündplättchen — und ehe wir es uns versahen, neigte sich der Tag auch schon dem Ende zu.

Daß es auch Großmütter gab, hätte ich beinahe vergessen zu erzählen. Sie bildeten das Gegenstück zu den Großvätern, und wenn bei jenen das Vorbild des Vagabunden anklang, so war es bei diesen die Hexe. Ein tief ins Gesicht gezogenes Kopftuch, ein langer, alter Rock und ein kaputter Regenschirm gehörten zu ihrer Ausstattung. Auch sie spielten die Ungeschickten, versuchten aber bei aller Komik zugleich bedrohlich zu wirken. Wo Großväter und Großmütter auch immer auftauchten, zogen sie stets sogleich Scharen von Kindern an, die sich mit ihnen in ein neckendes Geplänkel einließen und spottend hinter ihnen herriefen:

Großemutter, trallala,
haste fuffzehn Fennich?
Fuffzehn Fennich hab ich nich,
Großemutter, schäme dich!«

Am Abend aber, nachdem man hastig und voller Ungeduld das Abendbrot gegessen hatte, zog man mit der kerzenschimmernden Papierlaterne in der Hand noch einmal durch die Straßen. Ganz von selbst bildeten sich kleine Gruppen und oft auch größere, geordnete Züge. Mit einem ganz unbeschreiblichen, aus Geheimnis, Feierlichkeit und Glücksjubel gemischten Gefühl im übervollen Herzen wanderten wir langsam durch die nächtliche Dunkelheit, die hier und da von einem Bunt- oder Sternchenfeuer durchstrahlt wurde, und sangen in nimmermüder Wiederholung unser geliebtes Laternenlied:

»Ich geh mit meiner Laterne,
und meine Laterne mit mir.
Da oben leuchten Sterne,
und unten leuchten wir.
Hurra, hurra, hurra!«

Am nächsten Tag wurde dann eine Nachfeier gehalten, genannt »Lumpentauch'scher«. Da triumphierten vor allem Übermut und Ausgelassenheit. Die Zahl der Großmütter und Großväter hatte sich mindestens verdreifacht, bis ein Kind nach dem anderen endlich genug bekam von dem lustigen Treiben und sich zurückzog. So erschöpfte sich das Fest in einer natürlichen Sättigung und ging ohne offiziellen Ausklang ganz von selber still zu Ende.

Edwin Bormann

Jeographische Scharade

De erschde lebt von Trank un Speise
Un dient der Seele als Geheise.
Hinwiederum jedoch de zweede
Erhälste ohne Widerrede,
Sobald ze änner Ziffer du
De runde Null noch fiegst derzu.

Doch wenn de's Ganse nicht mehr weer',
So geeb's ooch geene Leibz'ger mehr. —
Mensch, krawwle hindern Ohr dich jetzt,
Um daß de dieses Rätsel rätst!

Leib — zig, Leibzig.

Lene Voigt

Sächsische Hundedressur

Also basse mal uff, mei guder Suldan: Jetz bin'ch nich mähr dei liewes Härrchen, jetz bin'ch ä Reiwer! Hastes gabbiert? Gucke, ich glaue doch jetz aus Frauchen ihrn Gichenschranke 's Bordemonäh un loofe fort drmit. Nu los, mache hinter mir här! — Awer Suldanchen, haste denn gar geen Inschtinkt fier sowas? Ich habe doch ähmd gemaust! Ei, das hätt'ch nu awer wärklich nich von dir gedacht, daß de dich da iberhaupt nich drum gimmerscht, wenn eener an Frauchen ihr Gelumpe rangeht. De mußt mich doch jetzt verfolchen, dummen gleenes Luder! — I du Glabbser, was läckste mir denn da de Hand, wenn'ch geglaut habe? Also machmersch noch ämal von vorne, awer jetz richtch uffgebaßt! Siste, hier liecht's Bordemonäh, un nu gomme ich angeschlichen un nähmes wägg. Jetzt fang'ch an zu renn' un du mußt in Wut gomm un de Zähne flätschen! Gucke, mei Suldanchen, sooo! — Suldan! Dämliches Biest — nu backe mich doch ändlich am Hosenbeene un mache dei dichtches Beißchen — ich bin doch dr Verbräscher!! — Ach du dickfällches Vieh, de hast ooch nich fiern Fäng Dämbramänd! Un geene Moral haste ooch nich in dein Hundebalche, sonst hätte dich mei Mausen embeert. Nee, mit dir is nischt zu machen, alwerner Dussel! Schäm d'ch! Dei Härrchen willgarnich mähr sähn.

Lene Voigt

Leipziger Szene unterm Blütenbaum

Die Promenadenbank unter dem blühenden Baum ist zwar schon voll besetzt, aber das hindert die alte Mutter Bibbrich nicht, sich mit frech-fröhlichen »Guddn Daach ooch« noch zwischen zwei junge Mädchen hineinzuquetschen. »Nich wahr, meine gleen Freileins, im Guden geht alles«, piepst die Bibbrichen und guckt verklärt hinauf in die blühende Baumkrone.

Die jungen Damen machen sich noch etwas schlanker, als sie ohnehin schon sind und vertiefen sich dann wieder in ihren Roman.

»Se geheern doch nich etwa zusamm? Ich meene, dasse verleicht Freindinn sin dun«, quatscht die Alte lustig weiter, »hernachens missense's ähmd saachen, da dauschen mer ganz eenfach de Blätze, nich?«

Die beiden jungen Damen senden verzweifelte Blicke über ihre Bücher, und während sich die eine erneut in die Lektüre vertieft, antwortet die andere: »Danke vielmals, aber wir kennen uns nicht gegenseitig.«

»Nicht?« wundert sich die Bibbrichen, »nu, das is doch awer gar nich hibsch von die gleen Freileins, dasse da schon wer weeß wie lange nähmnander hocken un sich nichema begannt gemacht hamm. Wer wärd denne so schtolz un hochmietch sin?

Frieher, da wäre sowas gar nich meechlich gewäsen. Da warn de Mänschen noch nich so galt mitenander. Da nickte mer sich ärscht ä baarmal freindlich zu, machte änne bassende Bemärkung ibersch Wädder, un so — un schon war mer im scheensten Baabeln drinne.«

»Aber liebe Frau«, wendet sich jetzt ein ebenfalls auf der Bank sitzender Herr mit einer Zeitung an die Redselige. »Sie müssen doch einsehen, daß die beiden jungen Damen zu lesen wünschen und gar nicht unterhalten sein wollen.«

Da trifft ein in Gift getauchter Blick den kühnen Sprecher, und noch giftiger saust die Antwort der Bibbrichen auf ihn hernieder: »Nu nadierlich, das gonnt'ch mer doch balde dänken, daß där Härre de Bardei von die jung' Dinger mit dän hibschen Been' nimmt. Was missen die denn läsen hier unter dän scheen' Boome, heh? Gennse das nich drheeme machen, wo nischt blieht? Awer ich weeßes schon, unsereener hat abgewärtschaft, un da isses am bästen, mer hält seine Gusche. Iberhaupt zieht mersch hier viel zu sähre ans Greize. Ich wäre mich dort niewer machen, da wärd grade ä Blätzchen frei.

Adjeh, meine Freileins, un verläsense sich ja nich etwa!«

Und fort humpelt die Bibbrichen, neuen Opfern zu.

Lene Voigt

Leipziger Nachtbild

Dr Mond glänzt wie 'ne Silwerscheibe,
Ä Geechelglubb schwankt aus dr Gneibe.
Sieß weht dr Lindenduft vom Boome.
Im Zoo brillt ä Vieh im Droome.

Am Brunn' gihlt Eener seine Glatze.
Zwee Gater wolln dieselbe Gatze.
Aus änner Bar deent Geichenschbiel.
Ä Mausedieb, schleicht ibern Brihl.

Der verlorene Sohn

Muttersorgen

»Ach, meine gude Bahnitschen, ich muß mich wieder ämal bei Sie ausschbrächen!«
»Gommse, gommse rein, Frau Grumbolden, ich habe grade frischen Gaffee gegocht, un daderbei wärd Sie's Härze schon leichter wärn.«
»Sähre liemswärdch, meine Bahnitschen, wärklich sähre liemswärdch. Also ich bin so frei, un jetzt bassense uff: Mir macht mei Glärchen jeden Daach mähr Gummer und Sorche. Das Gind hat Sie ä Dämbramänd im Balche, daß es een als Mudder himmelangst wärn gennte. Wo soll das bloß noch hinfiehrn mit so ä Fäächer? Ich mechte nur wissen, wo die das här hat! Mei Mann war so ä gediechenes ruhiges Gärlchen, där gonnte als Breitjam nich bis dreie zähln. Na un ich sälwer habe immer ä sähre gebändichtes Wäsen an mir dran gehabbt. Da gann mir meine greeßte Feindin nischt nachsaachen in däm Bunkte. Awer grade där Bunkt isses bei Glärchen, där mir geene Ruhe läßt Daach un Nacht. Ich saache Sie, das Gind benimmt sich wie so ä Guggugsei in dr Familiche.«
»I das därfense nich so schwär nähm, Grumbolden. De Eltern, die sin dadervor gar nich verantwortlich zu machen,
äja, wär so was behaupten dut, där is ähmd sähre unmodörn un verschteht von dr ganzen Verärbung ä Dräck. Das liecht manchesmal golossal weit zurick in dr Verwandtschaft. Da ist villeicht vor hundert Jahrn oder noch frieher ämal eener in Ihrer Familiche gewäsen, där's rächt sähre doll gedriem hat in dr Liewe un so. Na un sähnse, bei Ihrn Glärchen, da gommt nu alles mit eenmal wieder zum Dorchbruch.«
»Ach um Himmels willn, das unglickliche Gind! Das wäre ja färchterlich, Bahnitschen. — Da gießense mer nur glei noch ä Däßchen ein uff dän Schräck! Danke scheene, meine Gudste. — Awer ich gann mich dadsächlich uff niemanden besinn, der da in Fraache gäme. Wer genne denn das bloß gewäsen sin? Aus mein Mann seiner Gliege wißte ich geen, un bei mir ärscht recht nich. Im Geechendeel: meine verschtorm Großeltern, das warn ja sogar Basterschleite in dr Niederlausitz.«
»Nu ja, dän ehrnwärten alten Härrschaften — Godd habbse sälich — gann mer nadierlich nich zu nahe dräten. Awer wenn mer nu noch ä ganzes Schtickchen weiter zuricke gehn, wissense, uff wän mer da gomm?«

110

»Nee, geene Ahnungk!«

»Uff August dn Schtarken.«

»Awer Bahnitschen, das war doch ä Geenich! Där hat doch nischt mit unsrer Familiche zu dun.«

»Grumbolden, Grumbolden, Se sin historisch nich uff dr Hehe! Denn sonst mißtense doch wissen, daß unsre weiblichen Ururahn so ziemlich alle äwas mit August dn Schtarken gehabt hamm. Där war in däm Bunkte riesich bobulär.«

Walther Appelt

Der Sympathieschnupfen

Sie hamm awr'n Schnubben. Sie hamm sich wohl erkäld?

Ja. Aus Simmbaddie.

Was soll dn das heeßen?

Das iß ä bissel umschdändlich zu erzähln. Awr wenn Ses indressierd . . .

Freilich indressiert mich das.

Also bassen Sie auf! Unsre Herda will sich doch zu Osdern ferlohm. Deswegen hamm mier jetzt de Maler, wegen den fieln Besuch. Unn da iß eener drbei, der hat so furchdbar 'n Schnubben. Da hamm mier uns nu lange iewrlegt, was mier machen solln. Sagen wollden mr nich gerne was, daß der keene Schereren kriegde mid sein Meesder, awr geschehn mußde was. Uns warsch nämlich haubdsächlich darum zu duhn, daß unser Willi den Schnubben nich kriegde. Wissense, bei den werds allemal glei Schdockschnubben, unn der dauert fier Wochen. Wo den sei Lährer sowiso gesagt hat, er mißde sich noch dichdje Miehe gähm bis Osdern, wennr nich sitzenbleim wollde. Also kurz unn guhd, da sinn mier zu enner Bekannden gegang, die hat ä Buch, da schdehn lauder solche wissenschaftlichen Sachen drinne, die unsereens gar nich weeß.

Unn wenn die das Buch offschlägt, da muß mr gans schdille sinn, sonst heert mr de Ähderwellen nich rauschen. Das iß awr sehr nodwend'g, weil das Buch sonst keene richdjen Andworden gähm kann off die Fragen, die mr schdellt. Nu, mier warn scheen ruhig, unn mier hadden ooch so ä Summ' in Ohrn, das muß das Rauschen gewesen sinn. Unn das Buch hat gesagt: eens aus unsrer Familie däht den Schnubben kriegen fon den Maler. Unn wenn 'n nich dr Willi kriegen sollde, da mißdn ä andres freiwillig off sich nemm, aus Simmbaddie. Anschdendj wie se iß, wollde erscht de

111

Herda sich opfern, weil doch wegen ihrer Frlowund de Maler da sinn, — awr nachher hadds ihr Breidjam nich erloobt. Un da habb ichs ähm machen missen. Da bin ich mal frieh aus'n Bedde mid barbsjen Been offn kalden Drebbenschdufen rummgeloofen, — bis 'ch 'n Schnubben hadde.

Nu, awr horchense mal: da iß doch das gar nich den Maler sei Schnubben. Ob denn das da iewrhaubt was nitzt?

Nu allemal. Das iß doch gans biebe.

Schnubben iß Schnubben. Ob der nu fon den Maler iß oder fon Drebbenschdufen, das macht nischt. Das heeßt, ich will mich forsichdj ausdricken: hoffendlich macht das nischt. Mei Willi kam mier nämlich heide frieh so ä bissel komisch for. Ich willn Deifel nich an de Wand malen, awr gefalln hat mir der Junge heide frieh nich. Mißden das schließlich doch nich de richdjen Ähderwelln gewesen sinn, was mier da rauschen geheert hamm?

Walther Appelt

Schrebergärtner

Das sinn awr Brachtexemblare fon Kerbsen. Da sinn Sie wohl sehr schdols droff?

Nee. Ich winschde bloß, ich hädde den scheen Blatz fr was Frnimfdjeres frwendet. Die hamm doch ihre Beschdimmung' de letzte Minude geändert.

Was dn fr Beschdimmung'?

Fr de Gardenbau-Ausschdellung. Mei eensjer Drost iß bloß, dasse alle so neingeflogen sinn, nich bloß ich alleene.

Wie dn neingeflogen?

Nu, mier hamm doch schon forjes Jahr enne Ausschdellung gehabbt in unsrer Kandine. Unn da hadde de Schdadt fuffzj Mark geschdiffdet fr de besde Leisdung, um de Gardenkuldur ze hehm. Unn die

fuffzj Mark, die hat dr greeßde Kerbs gekriegt. Dadroffhin hammier nu dies Jahr alle solche Riesenkerle gezogen. Awr wie unser Forschdand wieder neingemacht iß ins Radhaus beim Bergermeesder, da hat der gesagt: Nu ja, fuffzj Mark kennden mr schon wieder kriegen, awr midn Kerbsen wär doch nu dr Zweck erreicht. Diesmal sollde dr scheensde Abbel den Breis kriegen. Nu sitzen mr da mit unsern Kerbsen. Eener wie dr andre.

Good, da läßt sich doch allerhand drfon machen. Subbe, oder Kombodd.

Das essen mier nich. Mier hamm bloß off de Ausschdellung schbekuliert unn off weider nischt. Wegen den fuffzj Mark.

112

Kurt Arnold Findeisen

Gewitter am Grünen Donnerstag

Mein Vater war aus seinem Nachmittagsdienst heimgekommen, und zwar, wie leider häufig, ziemlich schlecht gelaunt. Einesteils verdroß ihn fast täglich der Hin- und Herweg zwischen der Wohnung und dem Bürgerschacht Nummer zwei draußen am Galgengrund, wo sein Amt, die Berechnung von Bergmannslöhnen und Förderungserträgen, seinen beweglichen Geist Tag für Tag monoton einschnürte, andernteils glaubte er wieder einmal — das hatte er nach dem Mittagessen der Mutter geklagt — eine Anschwellung seiner Leber feststellen zu müssen, was sich bei ihm in einem leidigen Druck auf den Magen bemerkbar machte. Außerdem wollte sein neugekaufter Klemmer, den er an Stelle seiner altbewährten Nickelbrille hatte treten lassen, durchaus nicht richtig sitzen. »Wie bist du eigentlich auf den Kneifer verfallen, August?« hatte die Mutter gefragt, »sind Kneifer bei euch Männern etwa Mode geworden? Du machst dich doch bei uns Frauen immer über die Mode lustig.«

»Ach was«, hatte der Vater gebrummt, »Mode, Mode! Kann mir den Buckel runterrutschen!« Das, was rutschte, war aber nur der Kneifer. Jedoch auch ein kleiner Junge konnte merken, daß die Mutter es mit ihrer Bemerkung getroffen hatte.

Eben war der Vater dabei, der Widerspenstigkeit des Klemmers auf neue Weise beizukommen. Er bestrich die beiden Greifzwingen des Bügels mit Gummiarabikum, pflanzte den Apparat mit erneutem Mut auf seinen etwas breiten Nasenrücken und drückte ihn dort fest. Na, was sagt ihr nun? triumphierte sein Blick.

Da pochte es an die Tür. Als er daraufhin schnell den Kopf wendete, lag der Kneifer wieder auf dem Tisch.

Fast hätte ich laut aufgelacht, aber ein Blick auf sein Gesicht belehrte mich zur rechten Zeit noch eines Besseren. (Später hat er sich mit einer Klemmerschnur aus Nickel geholfen. Wie die Schnur sich beflissen an seiner rechten Ohrmuschel festhielt, hat mir dann doch recht gut gefallen.)

Außer allem Zweifel stand, daß Tante Lama für ihren Abendbesuch die denkbar ungünstigste Stunde gewählt hatte.

Eigentlich hieß sie Tante Fanny. Den Spitznamen verdankte die etwas antiquarische Dame, Witwe eines längst verstorbenen Bahnhofvorstehers, natürlich der Spottlust meines Vaters: Es ließ sich

113

nicht leugnen, daß aus der altmodischen Rüsche ihre Kleidkragens ihr Hals etwas bänglich lang herauswuchs und daß sie, deren Mundfertigkeit einen gewissen Ruf genoß, bei manchem Redeschwall ein wenig spuckte.

Um ihrer nicht ungefährlichen Mundfertigkeit, um ihres Beamtenhochmuts und wohl auch um einer gewissen abgeschmackten Geschwollenheit ihrer Redeweise willen hatte der Vater ganz und gar nichts für sie übrig. Dazu kam, daß er im allgemeinen keine gesellige Natur war und daß er im besonderen den Frieden seines Feierabends, den er sich ernstlich verdient zu haben glaubte, nicht gern von unverhofften Besuchern und Besucherinnen beeinträchtigt sah.

So wurde denn die Erscheinung an der Tür durch den von neuem auf der Nase befestigten Klemmer nicht sehr einladend gemustert, und drei senkrechte Falten über dieser Nase hätten geradezu etwas Fuchterregendes gehabt, wenn nicht die Güte und Milde in der Stimme meiner Mutter um Beseitiung der Spannung besorgt gewesen wäre.

Der Gast wurde in aller Form begrüßt, es wurden ihm Hütchen und Mantille abgenommen, er wurde gebeten, sich zu setzen, ja er wurde sogar eingeladen, am Gründonnerstag-Abendbrot (Kartoffelsalat mit Eiern) teilzunehmen, was sich Tante Lama nach einem hungrigen Hüh-

nerblick auf den bereits gedeckten Tisch nicht zweimal sagen ließ.

Sie hatte — das muß, schon zur Verteidigung des Hausherrn, vorgebracht werden — durch Ablegen ihrer äußersten Hüllen freilich wenig gewonnen, vielmehr konnte der graue Dutt, der an Stelle des Kapotthütchens zum Vorschein gekommen war, geradezu Schrecken erregen über dem fleischlosen knochigen Gesicht, hatte sich an ihm doch ein letzter Kringel des dünnen Zopfes gelöst und begleitete alle Kopfbewegungen mit dem geisterhaften Gebärdenspiel eines Rattenschwanzes.

»Oh«, flötete Tante Lama, die Schüssel mit dem Salat, der reich mit Scheiben gekochter Eier garniert war, begehrlich ins Auge fassend, »welch ein köstliches Arrangement! So appetitanregend! Und so frisch!«

»In unserem Stadtbezirk pflegen alle Hühner nur frische Eier zu legen«, murmelte der Vater.

Tanta Lama überhörte die Bemerkung, sie war beschäftigt, kräftig zuzulangen. Wir saßen schweigend, bis draußen der Wolkenhimmel ein anschwellendes Grollen vernehmen ließ. Warm genug war es am Tage gewesen.

»Soll daraus etwa ein Gewitter werden?« fragte die Mutter.

»Um Gottes willen! Ein Gewitter!« fuhr die Tante hoch, mit der Gabel fuchtelnd. »Und ich habe keinen Schirm!«

Wir waren bei ihrem Schreckensschrei alle mehr oder weniger zusammengezuckt; um ein Haar wäre der ominöse Klemmer in den Salat geglitten.

»Das nächste Mal wird bei dir vorher angefragt, ob's dir paßt!«

Das klang äußerst grimmig unter dem väterlichen Seehundsbart hervor.

»Ach, August, sei doch nicht immer so unwirsch!« beschwerte sich die Tante. Da ihn offenbar gleichzeitig ein bittender Blick der Mutter getroffen hatte, ließ sich Vater August zu einer Erklärung herbei, die seiner fatalen Neigung zu Wortverdrehungen alle Ehre machte: »Entschuldigt, ich werde mich von nun an nur noch so wirsch wie möglich benehmen.«

Erneutes Donnergrollen brachte einen Scherzversuch um die Wirkung. Die Stube hatte sich schnell verdüstert. Die über dem Eßtisch hängende Petroleumlampe mußte angezündet werden.

Nach landesüblicher Art hatte die Mutter mehrmals und nicht ohne Erfolg zum Zulangen genötigt. Nun aber war Tante Lama endgültig satt.

»Ich danke dir, liebe Agathe; es hat mir geschmeckt wie früher in Bautzen.«

Ich mußte lachen: »Bautzen!« Klang das nicht wie Pardauz?

»Da gibt es gar nichts zu lachen«, zürnte die Tante, »Bautzen ist eine schöne Stadt, Bautzen ist eine sehr reinliche Stadt.

Den Ruß weht es da nicht so zum Fenster herein wie hier von den Schächten her, was ich höchst horribel finde.«

»Dein lieber Mann war dorthin versetzt worden, nicht war?«

»Er stand in Bautzen dem Bahnhof vor.«

»So«, ließ sich der Vater vernehmen, »stand er? Stand er vor dem Bahnhof?«

»Natürlich nur, wenn er einen Zug abfahren ließ. Ha, er war ein schöner Mann, mein seliger Eduard! Und wenn er so dastand in der roten Mütze —«

»In der roten Mütze! Fein!« Die Mütze machte mir den seligen Eduard mit einem Schlag sympathisch.

Der Tante, die das spüren mochte, tat meine Begeisterung sichtlich wohl; sie hielt den Augenblick für günstig, ihre Bautzner Vergangenheit noch mehr herauszustreichen. »Da hatten wir dort am ersten Osterfeiertag übrigens auch das Eierschieben.«

»Eierschieben? Oh, Tante, was ist das?«

Vater, der nun einmal nicht zu den Verehrern der Dame zählte, konnte das Spotten nicht lassen; er tat entrüstet. »Was, Eier habt ihr verschoben? Und ausgerechnet am ersten Feiertag?«

Tante Lama vernichtete ihn aus den Augenwinkeln mit einem Blick, der einem Fallbeil glich. Dann gab sie auf Grund ihrer Mundfertigkeit eine bewegte, mit hochgebildeten Floskeln durchsetzte

Schilderung des berühmten Lausitzer Volksfestes, eine Schilderung, die vom Näherkommen des ersten Frühlingsgewitters draußen wirkungsvoll untermalt wurde. Weder durch das Grollen des Himmels noch durch die verfänglichsten Zwischenbemerkungen ließ sich die Erzählerin, nachdem sie einmal im Zug war, von ihrem Thema abbringen; sie war bald unheimlich, um nicht zu sagen: angsterregend im Schuß, und es ist wohl möglich, daß sie bei der Gelegenheit dann und wann ein wenig wie ein Lama gespuckt hat. Ich jedenfalls, obwohl ich ihr mächtig auf den Leib gerückt war, hätte nichts derartiges verspürt; ich war ganz Ohr.

Ein Exzerpt ihrer Schilderung möge folgen, beginnend mit dem Hintergrund: auf der einen Seite die alte Stadt mit ihren malerischen Mauern und Türmen, auf der anderen Seite der so geheißene Proitschenberg mit seiner kleinen Kapelle, dazwischen unten im Tal die Spree, der es im März oder April wahrlich nicht an Wasser gebricht. Der Hang von der Kapelle herunter zum Fluß der eigentliche Schauplatz des Festes, von dem man behauptet, daß es bereits seit mehreren hundert Jahren am Vormittag des ersten Osterfeiertages im Schwange sei.

Und wie begibt sich das Fest? Worauf läuft es hinaus? Erwachsene beschenken Kinder in einer überaus lustigen sinnfäl-ligen, volkshaften Art auf einer dafür gleichsam vorbestimmten Naturbühne unter dem freien Frühlingshimmel. Womit? Mit allerlei wohlschmeckenden nahrhaften Gaben, die sie den Hang hinabkollern, -werfen oder, wie eben der überlieferte Ausdruck lautet »-schieben«. Ursprünglich mag es sich, eingedenk des Osterfestes, um hartgekochte Eier und runde kleine Kuchen gehandelt haben; im Laufe der Zeit sind, je nach der Wohlfeilheit des Obstes im betreffenden Jahr, Äpfel, Nüsse, Apfelsinen dazugekommen. Die Kinder der Stadt, Buben wie Mädchen, über den steilen Hang verteilt, suchen alsbald unter Hallo, der guten Gaben habhaft zu werden.

Die einen laufen den kollernden Spenden entgegen; andere bemühen sich, das, was geworfen wird, hüpfend, springend, vor- und zurückschnellend aufzufangen; die dritten pirschen atemlos hin und her, den Sinn auf nichts als ihren Glücksmoment gerichtet; viele von ihnen zeigen sich umsichtigerweise mit Beuteln, Körbchen, Taschen versehen. Die Unternehmungslustigen, mit Netzen an langen Stangen bewaffnet, operieren im untersten Revier der Bühne, in der Nähe des Flusses; sie scheuen sich nicht, ihre Beute im Notfall dem Wasser abzuringen. Daß es dabei ohne nasse Schuhe und Strümpfe nicht abgeht, darf keine Rolle spielen, wie die ganze Sache ohne Balgereien und handgreifliche Meinungsverschiedenheiten nicht denkbar ist.

Der ganze Hang von oben bis unten, von unten bis oben stellt sich somit als ein einziges farbenbuntes Durcheinander dar, als ein einziges quirlendes, aber doch zielstrebiges Gewimmel, der ganze Hang von unten bis oben, von oben bis unten hallt wider von übermütigem, lungenkräftigem, sinnverwirrendem Geschrei , unter welchem, gleichsam als Cantus firmus, der Singsang einiger weniger halb mundartlicher Worte einherläuft: Eierla! Appla! Applasina! Eierla! Und das so fort stundenlang, stundenlang in dem Maße, wie sich oben die Menge der Spender ergänzt und wie unten die Vielzahl der Interessenten wechselt, bis schließlich früher oder später, das Fest am ersterbenden Impuls zu Ende geht. Das Eierschieben ist wieder einmal tot, es lebe das Eierschieben!

In ihrer gezierten, reichlich geschwollenen Redeweise, mit ihrem Gebärdenaufwand, bei dem der bewußte Rattenschwanz kaum eine Gelegenheit zu grotesken Improvisationen übersah, jedenfalls nicht ohne Selbstzufriedenheit und auch nicht ohne Wirkung auf ihre Zuhörer, hatte Tante Lama ihren Faden abgesponnen.

Mutter war es, die verhinderte, daß ich mich in unstillbarer Wißbegier alsbald mit hundert Fragen auf die Erzählerin stürzte: Mutter hielt mir einfach mit ihrer weichen Hand den Mund zu, mit der anderen mir leise über die Haare streichelnd: »Laß die Tante, sie muß erst mal ein wenig verschnaufen.«

Der Vater, der während des Ganzen brav in seinem Stuhl sitzen geblieben war, hatte die Erzählerin schon eine ganze Weile kritisch von der Seite gemustert aus seinen kurzsichtigen Augen — den Klemmer hatte er endgültig abgelegt. Nun war es eine einzige Frage, die er sich abrang: »Sag mal, Fanny, wenn du bereits als kleines Mädchen in Bautzen gelebt hättest, hättest du dich auch so munter unter die Kinder gemischt?«

Die Tante, sich jäh aufrichtend, schien nichts als Entrüstung, nichts als beleidigter Stolz, als sie antwortete: »Wie du nur so etwas fragen kannst, August! Das waren doch Kinder ganz gewöhnlicher Leute! Da mitzumachen, hätten meine Eltern mir nie erlaubt?«

Nun war ich nicht mehr zu halten: »Aber du, Mutti, du hättst mir's erlaubt, nicht wahr?«

Die Mutter lächelte ihr unerfindliches Lehrerinnenlächeln ins Ungewisse; sie wollte offenbar den Gast nicht kränken. »Ach, und du, Vater du hättest gewiß nichts dagegen gehabt. Hab' ich recht?«

»Du hast mehr als recht, mein Sohn«, sagte der Vater mit Nachdruck. »Sogar auf die Gefahr hin, daß Tante Fanny uns unter die gewöhnlichen Leute gerechnet hätte!«

Plötzlich sprang er auf — der Kessel des Verdrusses in ihm mochte zum Überkochen gekommen sein —, plötzlich schrie er sie an, ihre gezierte Redeweise nachahmend: »Gewöhnliche Leute! Gewöhnliche Leute! Wer so was sagt — wer 'ne solche Gesinnung zeigt, der — der — der — ist nicht wert — an so 'ner schönen Sache wie Eierschieben . . .«

Krach! Der erste deutliche vernehmbare Donnerschlag und, wie sich nach einer Frist herausstellte, zugleich der letzte. Das Grollen aus den Wolken entfernte sich weiter und weiter. Ein kurzer Regenguß wusch die Scheiben, er machte den Eindruck, als sei er lediglich bestimmt, zu reinigen, zu lindern, fortzuspülen, als sollte er etwas von jener elementaren Liebenswürdigkeit bezeugen, die den Menschen so leicht verlorengeht. Ein Blitz aber, der uns im Zimmer gar nicht zum Bewußtsein gekommen war, schien Tante Lama getroffen zu haben, zum mindestens war diesem Feuerstrahl eine Tat gelungen, die Beachtung verdiente: Er hatte die Tante mundtot gemacht.

Seit Vaters Explosion saß sie, die Augen geschlossen, den zahnarmen Mund verkniffen, das Gesicht wie von grüner Seife überzogen, starr, mit der törichten Physiognomie eines gipsernen Garten-

zwerges. Lediglich in ihrem gedehnten Hals arbeitete es, als wollte Ungesagtes sich zum Worte melden. Anscheinend vergeblich.

Als nach einer Weile die Tante, wieder mit Kapotthut und Mantille versehen, sich zum Gehen anschickte, geschah auch das in völliger Stummheit. Nur das Geflüster der Mutter, die ihr einen Regenschirm aufnötigte, war zu hören.

Vater hatte von dem Abgang der Besucherin nicht die geringste Notiz genommen. Er saß jetzt an seinem schmalen Zylinderbüro, das am Fenster Mutters kleinem Nähtischchen gegenüberstand, und versuchte, dicht über sein englisches Lehrbuch geneigt, von dem wieder freigegebenen Tageslicht den letzten Schimmer zu nutzen. Neuerdings bemühte er sich, im Selbststudium die Sprache Albions zu erlernen.

Mit Französisch war ihm das früher bereits einigermaßen gelungen. Auf der Nase saß ihm zu meinem nicht geringen Erstaunen seine alte Nickelbrille.

Halblaut sprach er englische Vokabeln vor sich hin. Merkwürdig, daß mitten im Gemurmel der fremden Silben ab und zu deutsche Wörter auftauchten, am häufigsten, ingrimmig hervorgestoßen, zwei, die lauteten wie: »infame Spinatwachtel«. Ich hatte die Absicht gehabt, von einigen unvergeßlichen Begebenheiten längst versunkener Ostertage zu erzählen. Das Porträt eines schlechtgelaunten Vaters ist draus geworden. Sei's drum! Auch von schlechtgelaunten Vätern wird die Vergangenheit an die Zukunft weitergegeben, und ein Gründonnerstag der Kinderzeit behält seinen Zauber in der Erinnerung, so gewitterträchtig er auch gewesen sein mag, liegt er doch wie jeder Gründonnerstag an der Schwelle einer Gnadenzeit, deren erschütternde Vorgänge durch ein immer wieder überwältigendes Wunder gekrönt werden: die Auferstehung des Lebens.

Bettelverse zum Gründonnerstag aus der Lausitz

Semper, Semper, Donnerstag,
Morgen haben wir Feiertag.
Oben in der Firste
hängen die Bratwürste,
Gebet uns nur Stangen,
Daß wir sie erlangen.
Wir können nicht lange stille stehn,
Wir müssen ein Haus weiter gehn.

Erhält der »Grinndurschtchschreier« nicht bald seine Gabe, dann hört man:

Kimmt ha ne raus, kimmt sie ne raus,
do kimmt dr kleene Junge raus,
dar teelt de ganzen Brazeln aus.
Wenn mer warn an'n Himmel sitzen,
krieg mer weiße Zippelmitzen,
wenn mer warn Trumpeten blosen,
krieg mer weiße Bauernhosen.

Anton Günther

Allerhand Watter

Of der Walt dorten oder do
hängt fei alles när ven Watter o,
's war mei Tog net andersch als wie heit,
wie es Watter is, su sei de Leit:

Es gibt nu Frühlingswatter on aah
    Sommerwatter,
es gibt Herbistwatter on aah Winter-
    watter,
es gibt Regnwatter on aah Schneewatter,
on es Matschwatter habn mer aah!

Es gibt schies Watter on aah garschtigs
    Watter,
es gibt guts Watter on aah bies Watter,
es gibt treichs Watter on aah naß Watter,
on e Sauwatter hab mer aah!

Es gibt schlachts Watter on aah rachts
    Watter,
es gibt frostigs Watter on aah laalichs
    Watter,
es gibt olbersch Watter on irrführlichs
    Watter,
on e Hundswatter habn mer aah!

Es gibt ruhigs Watter on aah stürmisch
    Watter,
es gibt donstigs Watter on gemeins
    Watter

es gibt windigs Watter on ugesunds
    Watter,
on e Schnuppenwatter habn mer aah!

Es gibt gefahrlichs Watter on haam-
    tücksch Watter,
es gibt malärisch Watter, katzendrackigs
    Watter,
es gibt uhaamlichs Watter, kriminalisch
    Watter,
on e Pfaarwatter habn mer aah!

Es gibt beständigs Watter on veränder-
    lichs Watter,
es gibt ängstlichs Watter on verwirrts
    Watter,
es gibt forchtigs Watter on trübsaligs
    Watter,
on e Spitzbubnwatter habn mer aah!

Es gibt heitersch Watter on aah Naabel-
    watter,
es gibt kalts Watter on aah warms
    Watter,
es gibt tobichts Watter on aoch feichts
    Watter,
on e Drackwatter habn mer aah!

Es gibt neireißends Watter on aah linds
    Watter,

es gibt Graupelwatter on aah Schlußen-
    watter,'
es gibt Prügelwatter, rosentärits Watter,
on e Sportwatter hab mer aah!

Es gibt Stöberwatter on aah Zwirbel-
    watter,
es gibt Drachenwatter on aah Bommel-
    watter,
es gibt Pfiebenwatter on aah Socken-
    watter,
on e Mistwatter hab mer aah!

Es gibt Muhtwatter on aah Heiwatter,
es gibt Wachswatter on aah Schwamme-
    watter,
es gibt Aprilwatter on aah Pfingstwatter,
on e Donnerwatter habn mer aah!

Es gibt Foosendwatter on aah Fastwatter,
es gibt göttlichs Watter on aah Teifels-
    watter,
es gibt lausigs Watter on aah Kaiser-
    watter,
on e Pascherwatter habn mer aah!

On die ganzen Watter, dos sei onnre
    Watter,
hätten mir net die Watter, hätt mer halt
    gar kaa Watter,
i nu Höll alle Watter, werd's, wie's
    werd mit de Watter.
Nooch die ganzen Watter werd's schie
    aah!

Die große Stadt Drebkau

Drebkau, heute eine rasch wachsende
Stadt, war früher ein recht bescheidener
Flecken, ja wahrscheinlich eines der
kleinsten Städtchen in der Niederlau-
sitz. In den wenigen Gassen konnte sich
niemand verlaufen, und der Marktplatz
war zwar gepflastert, aber zwischen den
Steinen sproß das Gras.
Einst ging ein Mann nach Drebkau zum
Markt. Unweit des Städtchens hütete ein
Junge Gänse. Der Mann aus der Ober-
lausitz fragte den Jungen scherzend:
»Junge, was ist das für ein Dorf?«
Empört schrie der Junge: »Du verfluchter
Kerl, das ist kein Dorf, sondern unsere
große Stadt Drebkau!«

121

Das Eselsnest

Ein Heidebauer hatte auf dem Markte seinen Roggen für ein schönes Stück Geld verkauft. Deshalb wollte er sich ein Glas bayerisches Bier leisten. Er ging in ein Wirtshaus. Aber wie erschrak er, als er dort nur lauter vornehme Herrschaften erblickte. Beinahe wäre er vor Schreck wieder umgekehrt. Schließlich setzte er sich doch auf einen leeren Platz.

Der Kellner eilte herbei und fragte, was er wolle. Nachdem sich der Bauer ein Glas bayerisches Bier bestellt hatte, mußte er lange warten. Anscheinend wollte ihm der Kellner keines bringen, er benahm sich vielmehr so, als ob er ihm eher die Tür weisen wolle.

Unser Bäuerlein aber dachte: Ich habe Zeit!, zog einen Laib Brot und Wurst hervor und begann zu frühstücken. Er ließ sich auch durch die übrigen Gäste, die ihm lächelnd zusahen, nicht im geringsten stören. Endlich brachte der Kellner doch das Bier. Und nun wollte er dem Bauern das Frühstück versalzen und ihn gehörig hochnehmen. Er begann, ihn nach seinen Kälbern, Ochsen und Schafböcken auszufragen, wollte wissen, ob er mit Eseln oder Hunden sein Feld pflüge. Der Kellner hatte ein schnelles Mundwerk und redete sehr laut, damit auch die übrigen Gäste ihn verstünden und ihren Spaß daran hätten.

Unser Bäuerlein aber ließ sich nicht stören. Geruhsam beendete er sein Frühstück und ließ sich das Bier schmecken. Als er ausgetrunken und bezahlt hatte, fragt er so laut, daß ihn auch alle hören konnten: »Mein Söhnchen, weil du so klug bist, sag mir doch, wo hat der Esel sein Nest?«

Das wußte der Kellner nicht. »So will ich es Dir sagen«, erwiderte der Bauer, nach seinem Hute greifend, »wenn Du morgen früh aufstehst, guck' hinter dich, da hast Du ein Eselsnest noch ganz warm von Dir! Auf Wiedersehen und nichts für ungut!«

Der Bauer und der Großknecht

In früheren Zeiten aß das Gesinde mit dem Bauern an einem Tisch und aus einer Schüssel. Das Essen war einfach und des öfteren auch noch schlecht zubereitet. Bei einem Bauern hatten sie eine Schüssel, die an einer Stelle eine kleine Einkerbung zeigte. Und diese Einkerbung wies immer auf die Stelle, wo der Bauer saß. Bald kam das Gesinde auch dahinter, daß an dieser Stelle das Essen fettiger war. Das ärgerte sie mächtig. Als sie sich am nächsten Tage alle zum Essen niedergesetzt hatten, sagte der Großknecht: »So dreht sich die Sonne!«

Und er drehte die Schüssel so, daß jetzt die Einkerbung auf seinen Platz zeigte. Der Bauer aber war gar nicht verlegen und entgegnete:
»Und so dreht sich der Mond!«
Und er brachte die Einkerbung an seinen Platz zurück.
Den Großknecht packte die Wut:
«Und so schlägt's Donnerwetter drein!«
Und er schlug mit der Faust in die Schüssel, daß das Essen durch die ganze Stube spritzte.
Am nächsten Tage hatten sie einen neue Schüssel, aber eine ohne Einkerbung.

Kindstaufe in Kuckewitz

Sobald in Kuckewitz ein Kind geboren wird, versammelt sich das ganze Dorf, jeder bringt ein Bündel Reisig und ein großes Scheit Holz auf den Dorfplatz, worauf sie unter dem Gemeindekessel Feuer anmachen. Nun kochen sie das Kind in Klugheit, begießen es mit Schläue, spülen es in Verstand, legen es zum Trocknen in die Sonne aller Kuckewitzer Tugenden und Keuschheiten, reiben ihm die Ohren mit Eselsfleisch und ziehen sie lang, wickeln es in Windeln der einzig wahren, echten Kuckewitzer Frömmigkeit und tragen es schließlich in einer Brotmulde heim.

Nicht sehr

»Grüß Gott, mein Junge!«
»Bin nicht mehr Junge.«
»Wieso das?«
»Hab' mir eine Frau genommen.«
»Das war gut!«
»Ach, nicht sehr!«
»Wieso das?«
»Andere kamen zu ihr.«
»Das war schlimm!«
»Ach, nicht sehr.«
»Wieso das?«
»Einer ließ 300 Taler bei ihr
   liegen.«
»Das war gut.«

»Ach, nicht sehr.«
»Wieso das?«
»Die Junker nahmen sie mir.«
»Das war schlimm!«
»Ach, nicht sehr.«
»Wieso das?«
»Zwölf Sack Weizen gaben sie mir
   dafür.«
»Das war gut.«
»Ach, nicht sehr.«
»Wieso das!«
»Die Mäuse zerschroteten ihn.«
»Das war schlimm!«
»Ach, nicht sehr.«

Die Harke

Die Tochter eines Kleinbauern war nach Weihnachten als Dienstmädchen in die Stadt gegangen. Als sie daheim mitten in der Heuernte waren, kam sie zum ersten Male zu Besuch. Sie tat dabei sehr vornehm städtisch, und die sorbische Sprache hatte sie völlig vergessen.
Der Vater befahl ihr, mit auf die Wiese zu kommen. Dort fragte sie, auf eine Harke zeigend: »Was ist das für ein Ding?« Plötzlich aber trat sie auf die Harke, und der Harkenstiel schlug ihr mitten ins Gesicht. Erschrocken rief sie: »Zaklate hrabje!« (Verfluchte Harke) — und konnte wieder sorbisch.

Schwierige Verständigung

Die Tochter eines kleinen Heidebauern kehrte in ihr Heidedorf zurück. Sie hatte sich in Berlin mit einem Deutschen verheiratet und brachte ein Wickelkind mit. «Ach, mein Gott, Mutter«, sagte der Heidebauer, »welch ein Unglück für uns! Schon immer habe ich gesagt, unsere Lenka soll keinen Deutschen heiraten. Nun kriegen wir so einen kleinen Deutschen ins Haus. Ich verstehe ihn nicht, du verstehst ihn nicht, Lenka versteht ihn auch nicht, denn so viel hat sie in der kurzen Zeit in Berlin nicht gelernt, und er versteht uns nicht!«

Anonym

De Bimmelbaa

Vo Zittau fährt off Reich'nau a hibsches
   kleenes Boahnl,
a Lokmotiv'l vornedra on hin'n 5, 6
   Wanl,
on bimmeln tut's, woas bimmeln koan,
drmit heeßt's o: de »Bimmelboahn«!
   Bim, bim, bim, ich war schun kumm,
   ich hoa mersch eemoal vürgenumm.

Ben Haltepunkt zon irschtnmoal ver-
   schnauft sich's kleene Boahnl,
so gieht a Schaffner vornedroa on
   schwenkt a rutes Fahn'l.
On els amoal de Stroaße frei, macht's
   kleene Boahnl hurt'g verbei.
   Bim, bim, bim . . .

Nu rumpelt's off Kleeschiene zu, do
   fährt's oack off der Stroaße.
An Auto wie der Wind verbei flitzt hurt'g
   de feine Bloase.
Do denkt mei Boahnl: »Foahrt oack
   zu!
Miech brengt'r ne aus menner Ruh!«
   Bim, bim, bim . . .

On hoat's Kleeschiene hinner siech, do
   kimmt a schlaichtes Stick'l,
oan Zittler Barg, ba Friederschdorf, do
   reßt'n moanchmoal 's Strick'l.
On hoan se's wieder z'soammgeflickt,
macht's kleene Boahnl ganz beglickt:
   »Bim, bim, bim . . .

Ba Reiberschdorf gieht's gleicheweg, do
  frät sich's kleene Boahn,
do pfeffts vo Freedn ömbend'g laut on
  rumpelt mit de Wanl,
on vorne aus'n Essenlooch speit's aaln,
  dickn, schwarzn Rooch.
  Bim, bim, bim . . .

Derno kimmt's noa Wald-Oppelsdorf, do
  hoat — ihr ward's wul wissen —
amoal a aaler, gorscht'ger Wind doas
  Boahnl imgeschmissen.
No hoite zittert's a dan Fleck an ganzn
  Leib vor Angst on Schreck.
  Bim, bim, bim . . .

On endlich kimmt's noa Reich'nau —
  manchmoal wurd's o woas iher —,

an Boahnhof stiehn on gucken zu de
  ganz'n Reich'neer,
's kännt doch amoal — nahmt's oack ne
  krumm! —
a Fremder mit'n Boahnl kumm.
  Bim, bim, bim, nu bie'ch gekumm,
  ich hoatt' mersch eemoal vürgenumm!

Nu ruht siech's kleene Boahnl aus vo
  senner lang'n Reese,
on wunnert'ch iebern Autobus: »Dar
  fährt ja ohne Gleese!«
Mei Boahnl, härmt'ch oack do ne drim,
wenn du ne wärscht, nee, doas wär
  schlimm!
  Bim, bim, bim, bim, bimbam, bum,
  offs kleene Boahnl loß'ch nischt
  kumm!

Kurt Arnold Findeisen

Der Nußknacker und die Pfefferkuchenfrau

Beim alten Pinkert, dem Spielzeugmacher, arbeitet die ganze Familie mit. Der junge Pinkert, der Sohn, drechselte Figuren aus Holzstücken (denn die Pinkerts machen am liebsten Figuren, lieber als Häuser, Bäume und Eisenbahnzüge), seine Frau schnitzelt sie zurecht, Karl, der große Junge, klebt an, was anzukleben ist, der Großvater bemalt die Leutchen mit bunten Farben, und der kleine Willi sammelt sie und stellt sie zum Trocknen auf die Ofenbank. In der Zeit vor Weihnachten werden auch gelegentlich Räucherkerzchenmänner mit fertig, Rastelbinder, Türken, Jäger, Bergknappen; und der alte Pinkert macht dann am liebsten Nußknacker, stattliche Männer in bunter Märchentracht, die mit den

Zähnen krickkrack machen können, wenn man ihnen eine Nuß in den Mund steckt.

Heute ist ein besonders schöner Nußknacker fertig geworden. Stolz steht er auf der Ofenbank. Es ist einer von denen, denen man ohne weiteres glaubt, daß sie sprechen können, etwa so und in bärbeißigem Ton:

Ich hab — schon manche Nuß —
    gepackt,
krick — krack — und mitten durch —
    geknackt.
Der Spielzeugmacher — der mich
    schuf —
gab mir das Knacken — zum Beruf.

Ich knacke große — ich knacke kleine,
und was nicht aufgeht — das sind
    Steine.
Ich knacke hart — ich knacke weich,
nur immer her — mir ist das gleich.
Doch sag ich eins euch ins Gesicht:
Verknacken — ha! laß ich mich nicht!

Die Pfefferkuchenkarline, die einen Augenblick da war, um ihren Spankorb die Feiertage über bei Pinkerts einzustellen, hat gesagt: Einen schneidigeren Nußknacker hätte sie überhaupt noch nicht gesehen! Und das will was heißen, denn die Pfefferkuchenkarline kommt weit im Land herum. Dieses Jahr ist ihr Geschäft besonders gut gegangen; fast alle ihre Ware ist ausverkauft, nur noch ein paar Päckchen Lebkuchen und eine letzte Pfefferkuchenfrau stecken im Korb, den sie in Pinkerts Stube abgestellt hat. Die Pfefferkuchenfrau guckt gerade oben aus dem Korb heraus und wundert sich. Worüber wundert sie sich? Nun, bei Pinkerts in der Stube ist allerhand zu sehen. Denn immer, wenn Pinkerts spät in der Nacht zu Bett gegangen sind, werden die Spielsachen, die da herumstehen und -liegen, lebendig. Die kleinen Musikanten spielen auf. Die Bauern schwingen ihre Dreschflegel im Takt. Herren, Damen und Kinder gehen spazieren. Die Reiter geben ihren Rössern die Sporen und traben im Kreis herum. Die Räuchermänner zünden ihre Tabakspfeifen an und qualmen mächtig. Und manchmal, wenn der Ofen noch schön warm ist und wenn sie besonders guter Laune sind, dann brummeln sie gemütlich vor sich hin. Was brummeln sie? Ihr beliebtes Tabakspfeifenlied:

Ein Mann, der nichts zu rauchen hat,
das ist ein armer Wicht,
und ohne Pfeife dazustehn,
das gibt es bei uns nicht.
Wir rauchen spät, wir rauchen früh
und singen unsre Melodie:
Paff — paff — paff — paff —
ist der Tabak auch nicht gut,
paff — paff — paff — paff —
wenn's nur tüchtig qualmen tut!

Der neue Nußknacker traut seinen Augen nicht, wie er das Getümmel sieht. Und wie es qualmt und tubelt! Natürlich kriegt er gleich Lust, mitzumachen. Er klappt zunächst mal seinen Mund ein paarmal auf und zu. Dann muß er nießen: Hatschi! Der Tabaksqualm ist ihm in die Nase gestiegen.

»Gesundheit!« ruft's aus der Ecke.

»Danke schön!« sagt er und dreht sich um. Wer ist denn die höfliche Person? Da sieht er die Pfefferkuchenfrau.

»Haben Sie den Schnupfen?« fragt sie.

»Nein, danke für die Nachfrage«, sagt er, »'s ist nur von dem Qualm hier. Die paffen ja wie nicht gescheit!«

»Würden Sie mir aus dem Korbe helfen?« fragte die Pfefferkuchenfrau.

»Mit Vergnügen!« Mit einem Satz ist er bei ihr.

»Danke!« sagt sie, als sie heraus ist, und plinkert mit ihren Rosinenaugen.

»Bitte sehr!« sagt er und bläst die Backen auf. »Sie gefallen mir.«

Die Pfefferkuchenfrau schlägt die Augen nieder und spitzt den Mund, der eine süße Mandel ist. »Sie gefallen mir auch!« sagt sie ganz leise.

Dann ist alles in schönster Ordnung: Die beiden können heiraten!

Der geschnitzte Weihnachtsengel, der bei Pinkerts immer auf dem Bordbrett steht und eine Kerze in einer Dille trägt, ist der Pfarrer. Die Räuchermänner sind die Trauzeugen. Die Musikbande macht die Hochzeitsmusik. Alle sind froh, daß sie mal tüchtig schunkeln können.

Ist das nun ein Spaß bei Pinkerts in der Stube! Allein das Brautpaar! Wie er sie fest in den Armen hält und wie er den Mund auf und zu klappt vor Behagen.

»Links zwei drei« brummt er im Walzertakt.

»links zwei drei,
rechts zwei drei,
Beste, ich bin so frei.
Lehn' dich in Lieb und Lust
an meine Männerbrust.
Hab schon oft zugepackt
und manche Nuß geknackt.
Heut, süßer Lämmersterz,
knack ich dein Herz.«

Und sie schmiegt sich in seine Arme und ist schon ganz weich vor Wonne:

»Links zwei drei, rechts zwei drei,
Bester, ich bin so frei.
Schimmert von Lieb und Glück
nicht mein Rosinenblick?
Fühl, wie mein Herz klopft
und vor lauter Honig tropft.
Alles für Dich bestimmt,
Zucker und Zimt!«

Und schließlich singt die ganze Hochzeitsgesellschaft:

»Links zwei drei, rechts zwei drei,
und wir sind auch dabei!
Wie ist das Leben schön,
wenn wir zwei zusammengehn!«

Und wieder die Braut allein:

»O du mein Mandelkern!«

Und nun der Bräutigam:

»Hab dich zum Fressen gern!«

Und nun wieder alle zusammen:

»Segen dem jungen Paar
für's ganze Jahr!«

Es ist nicht zu sagen, wie hübsch das ist!

Da gibt es auf einmal ein scharfes Geräusch draußen: Rrr! Rrr! Rrr! Rrr!

»Der Wecker!« schreien zehn, zwanzig Stimmen durcheinander, »der Wecker!«

Bei Pinkerts in der Kammer geht der Wecker. Mann und Frau und Kind müssen aufstehen und Spielzeug machen.

Die Hochzeitsgesellschaft steht einen Augenblick still, wie gelähmt.

Dann stürzt alles an seinen Platz, der Nußknacker auf die Ofenbank, die Pfefferkuchenfrau in den Korb, die Musikanten in die Schachtel.

Nichts rührt sich mehr in der Stube.

Der Großvater, der vor den anderen in Holzpantoffeln hereinkommt, fährt mit dem Streichholz an der Wand herunter und zündet sich seine Tabakspfeife an.

Das ist immer das erste, was er früh tut.

Nun sieht er selber aus wie einer der Pinkertschen Räuchermänner. Paff — paff — paff — paff — geht's bei ihm. Und nun kommt Frau Pinkert und macht Licht, und damit ist die Geschichte aus.

Sächsische Zungenübung

Ham se geene Gäsegeilchen?
Ham dun mer gerade geene nich, aber griegen gönnt es sin,
daß mer morgen welche däden.

Wir Sachsen
als solche

Christian Fürchtegott Gellert

Die Geschichte von dem Hute

Der erste, der mit kluger Hand
Der Männer Schmuck, den Hut, erfand,
Trug seinen Hut unaufgeschlagen;
Die Krempen hingen flach herab;
Und dennoch wußt er ihn zu tragen,
Daß ihm der Hut ein Ansehn gab.

Er starb, und ließ bei seinem Sterben
Den runden Hut dem nächsten Erben.

Der Erbe weiß den runden Hut
Nicht gemächlich anzugreifen;
Er sinnt, und wagt es kurz und gut,
Er wagt's, zwo Krempen abzusteifen.
Drauf läßt er sich dem Volke sehn;
Und schreit: »Nun läßt der Hut erst
    schön!«

Er starb, und ließ bei seinem Sterben
Den aufgesteiften Hut dem Erben.

Der Erbe nimmt den Hut, und schmält.
»Ich«, spricht er, »sehe wohl, was fehlt.«
Er setzt darauf mit weisem Mute
Die dritte Krempe zu dem Hute.
»Oh«, rief das Volk, »der hat Verstand!
Seht, was ein Sterblicher erfand!
Er, er erhöht sein Vaterland!«

Er starb, und ließ bei seinem Sterben
Den dreifach spitzen Hut dem Erben.

Der Hut war freilich nicht mehr rein;
Doch sagt, wie konnt es anders sein?
Er ging schon durch die vierten Hände.
Der Erbe färbt ihn schwarz, damit er
    was erfände.
»Beglückter Einfall!« rief die Stadt,
»So weit sah keiner noch, als der gesehen
    hat.
Ein weißer Hut ließ lächerlich;
Schwarz, Brüder, schwarz! so schickt es
    sich.«

Er starb, und ließ bei seinem Sterben
Den schwarzen Hut dem nächsten Erben.

Der Erbe trägt ihn in sein Haus,
Und sieht, er ist sehr abgetragen;
Er sinnt, und sinnt das Kunststück aus,
Ihn über einen Stock zu schlagen.
Durch heiße Bürsten ward er rein;
Er faßte ihn gar mit Schnüren ein.
Nun geht er aus, und alle schreien:
»Was sehn wir? Sind es Zaubereien?

Ein neuer Hut! O glücklich Land,
Wo Wahn und Finsternis verschwinden!
Mehr kann kein Sterblicher erfinden,
Als dieser große Geist erfand.«

Er starb, und ließ bei seinem Sterben
Den umgewandten Hut dem Erben.

Erfindung macht die Künstler groß,
Und bei der Nachwelt unvergessen;
Der Erbe reißt die Schnüre los,
Umzieht den Hut mit goldnen Tressen,
Verherrlicht ihn durch einen Knopf,
Und drückt ihn seitwärts auf den Kopf.
Ihn sieht das Volk, und taumelt vor
   Vergnügen.
Nun ist die Kunst erst hoch gestiegen!
»Ihm«, schrie es, »ihm allein ist Witz und
   Geist verliehn!
Nichts sind die andern gegen ihn!«

Er starb, und ließ bei seinem Sterben

Den eingefaßten Hut dem Erben.
Und jedesmal ward die erfundne Tracht
Im ganzen Lande nachgemacht.
   Ende des ersten Buchs.

Was mit dem Hute sich noch ferner
   zugetragen,
Will ich im zweiten Buche sagen.
Der Erbe ließ ihn nie die vorige Gestalt.
Das Außenwerk ward neu; er selbst,
   der Hut, blieb alt.
Und, daß ich's kurz zusammen zieh,
Es ging dem Hute fast, wie der
   Philosophie.

Gotthold Ephraim Lessing

Die Parabel

Ein weiser tätiger König eines großen, großen Reiches hatte in seiner Hauptstadt einen Palast von ganz unvermeßlichem Umfange, von ganz besonderer Architektur.

Unermeßlich war der Umfang, weil er in selbem alle um sich versammelt hatte, die er als Gehilfen oder Werkzeuge seiner Regierung brauchte.

Sonderbar war die Architektur: denn sie stritt so ziemlich mit allen angenommenen Regeln; aber sie gefiel doch und entsprach doch.

Sie gefiel: vornehmlich durch die Bewunderung, welche Einfalt und Größe erregen, wenn sie Reichtum und Schmuck mehr zu verachten als zu entbehren scheinen.

Sie entsprach: durch Dauer und Bequemlichkeit. Der ganze Palast stand nach vielen, vielen Jahren noch in eben der Reinlichkeit und Vollständigkeit da, mit welcher die Baumeister die letzte Hand angelegt hatten: von außen ein wenig unverständlich, von innen überall Licht und Zusammenhang.

Was Kenner von Architektur sein wollte, ward besonders durch die Außenseiten beleidigt, welche mit wenig hin und her zerstreuten, großen und kleinen, runden und viereckigen Fenstern unterbrochen waren, dafür aber desto mehr Türen und Tore von mancherlei Form und Größen hatten.

Man begriff nicht, wie durch so wenige Fenster in so viele Gemächer genugsames Licht kommen könne. Denn daß die vornehmsten derselben ihr Licht von oben empfingen, wollte den wenigsten zu Sinne.

Man begriff nicht, wozu so viele und vielerlei Eingänge nötig wären, da ein großes Portal auf jeder Seite ja wohl schicklicher wäre und eben die Dienste tun würde. Denn daß durch die mehreren kleinen Eingänge ein jeder, der in den Palast gerufen würde, auf dem kürzesten und unfehlbarsten Wege gerade dahin gelangen solle, wo man seiner bedürfe, wollte den wenigsten zu Sinne.

Und so entstand unter den vermeinten Kennern mancherlei Streit, den gemeiniglich diejenigen am hitzigsten führten, die von dem Innern des Palastes viel zu sehen die wenigste Gelegenheit gehabt hatten.

Auch war da etwas, wovon man bei dem ersten Anblicke geglaubt hätte, daß es den Streit notwendig sehr leicht und kurz machen müsse; was ihn aber gerade am meisten verwickelt, was ihm gerade zur hartnäckigsten Fortsetzung die

reichste Nahrung verschaffte. Man glaubte nämlich verschiedne alte Grundrisse zu haben, die sich von den ersten Baumeistern des Palastes herschreiben sollten, und diese Grundrisse fanden sich mit Worten und Zeichen bemerkt, deren Sprache und Charakteristik so gut als verloren war.

Ein jeder erklärte sich daher diese Worte und Zeichen nach eignem Gefallen. Ein jeder setzte sich daher aus diesen alten Grundrissen einen beliebigen neuen zusammen, für welchen neuen nicht selten dieser und jener sich so hinreißen ließ, daß er nicht allein selbst darauf schwor, sondern auch andere, darauf zu schwören, bald beredete, bald zwang.

Nur wenige sagten: »Was gehen uns eure Grundrisse an? Dieser oder ein andrer: sie sind uns alle gleich. Genug, daß wir jeden Augenblick erfahren, daß die gütigste Weisheit den ganzen Palast erfüllet, und daß sich aus ihm nichts als Schönheit und Ordnung und Wohlstand auf das ganze Land verbreitet.«

Sie kamen oft schlecht an, diese wenigen! Denn wenn sie lachenden Muts manchmal einen von den besonderen Grundrissen ein wenig näher beleuchteten, so wurden sie von denen, welche auf diesen Grundriß geschworen hatten, für Mordbrenner des Palastes selbst ausgeschrien.

Aber sie kehrten sich daran nicht und

wurden, gerade dadurch am geschicktesten, denjenigen zugesellet zu werden, die innerhalb des Palastes arbeiteten und weder Zeit noch Lust hatten, sich in Streitigkeiten zu mengen, die für sie keine waren.

Einstmals, als der Streit über die Grundrisse nicht sowohl beigelegt als eingeschlummert war — einstmals um Mitternacht erscholl plötzlich die Stimme der Wächter: »Feuer! Feuer in dem Palaste!«

Und was geschah? Da fuhr jeder von seinem Lager auf; und jeder, als wäre das Feuer nicht in dem Palaste, sondern in seinem eignen Haus, lief nach dem Kostbarsten, was er zu haben glaubte — nach seinem Grundrisse. »Laßt uns den nur retten!« dachte jeder. »Der Palast kann dort nicht eigentlicher verbrennen, als er hier stehet!«

Und so lief ein jeder mit seinem Grundrisse auf die Straße, wo, anstatt dem Palaste zu Hilfe zu eilen, einer nach dem andern es vorher in seinem Grundrisse zeigen wollte, wo der Palast vermutlich brenne. »Sieh, Nachbar, hier brennt er! Hier ist dem Feuer am besten beizukommen.« — »Oder hier vielmehr, Nachbar hier!« — »Wo denkt ihr beide hin? Er brennt hier!« — »Was hätt' es für Not, wenn er da brennte? Aber er brennt gewiß hier!« — »Lösch' ihn hier, wer da will. Ich lösch' ihn hier nicht.« — »Und ich hier nicht.«

»Und ich hier nicht!«

Über diese geschäftigen Zänker hätte er dann auch wirklich abbrennen können, der Palast, wenn er gebrannt hätte. — Aber die erschrocknen Wächter hatten ein Nordlicht für eine Feuersbrunst gehalten.

Magnus Gottfried Lichtner

Der kleine Töffel

In einem großen Dorf, das an die Mulde
   stieß,
starb Grolms, ein Bauersmann; die
   Witwe freite wieder
und kam mit einem Knaben nieder
den man den kleinen Töffel hieß.

Sechs Sommer sind vorbei, als es im
   Dorfe brannte;
der Knabe war damals gerade sechzehn
   Jahr,
da man, wiewohl er schon ein großer
   Junge war,

ihn noch den kleinen Töffel nannte.
Nunmehr drosch Töffel auch mit in der
  Scheune Korn,
fuhr selber in das Holz; da trat er einen
  Dorn
sich in den linken Fuß: man hörte von
  den Bauern
den kleinen Töffel sehr bedauern.
Zuletzt verdroß es ihn; und als zur
  Kirchmeßzeit
des Schulzens Hadrian, ein Zimmer-
  mannsgeselle,
ihn »kleiner Töffel« hieß, hatt' er die
  Dreistigkeit
und gab ihm eine derbe Schelle.
Die Rache kam ihm zwar ein neues
  Schock zu stehn;
denn Schulzes Hadrian ging klagen,
und durch das ganze Dorf hört man die
  Rede gehn:
der kleine Töffel hat den Hadrian geschlagen.
O, das tat Töffeln weh, und er beschloß
  bei sich,
sich in die Fremde zu begeben.
»Was?« sprach er, »kann ich nicht ein
  Jahr woanders leben?
Inmittelst ändert sich's, und man ver-
  kennet mich.«
Gleich ging er hin und ward ein
  Reiter.
Das höret Nachbars Hans, die Sage gehet
  weiter,
und man erzählt von Haus zu Haus,

der kleine Töffel geht nach Böhmen mit
  hinaus.
Der Töffel will vor Wut ersticken.
Indessen kriegt der Sachsen Heer
Befehl, in Böhmen einzurücken.
Nunmehr ist Töffel fort, man spricht
  von ihm nicht mehr.
Die Sachsen dringen ein, gehn bis nach
  Mähren hinter,
und Töffel gehet mit. Es geht ein ganzer
  Winter,
ein halber Sommer hin, man senkt den
  Weinstock ein,
als man den Ruf vernimmt: es sollte
  Friede sein.
Da meint nun unser Held, daß man die
  Kinderpossen,
die ihn vordem so oft verdrossen,
vorlängst schon ausgeschwitzt. Er wirkt
  sich Urlaub aus
und suchet seines Vaters Haus.

Er hört schon den Klang der nahen
  Bauernkühe;
ein altes Mütterchen, das an den Zäunen
  kroch,
ersah ihn ungefähr und schrie:
»Je, kleiner Töffel, lebt Ihr noch?« —

Das Vorurteil der Landesleute
verändert nicht der Örter Weite,
tilgt weder Ehre, Zeit noch Glück.
Reist, geht zur See, kommt alt zurück:
der Eindruck siegt, da hilft kein Sträuben:
Ihr müßt der kleine Töffel bleiben.

Kilian Merten

Grimchen bei Rubens

Bis zum Zweiten Weltkrieg war Raffaels Sixtinische Madonna in der Dresdner Gemäldegalerie in einem besonderer Weihe dienenden Raum ausgestellt worden, den sie so mit Andacht füllte, daß das Plaudern dorthin wallfahrender Besucher augenblicklich verstummte, wenn sie ihrer und des Gotteskindes ansichtig wurden.

Nur die sich auf dem unteren Rahmenrand ungezwungen aufstützenden Engelchen vermochten die Blicke der Betrachter von heiliger Erhöhung wieder herabzuführen. Denn nicht allzulange — so schien es — würden sie ihre Köpfchen der kostbaren Tapete und dem Fenster zuwenden, sondern auch den Menschen ihre Aufmerksamkeit schenken, die paarweise am Hochbild vorüberschritten oder in achtungsvollem Abstand davor verweilten. Niemand hätte

sich verwundert, wenn sie ihnen mit ihren runden Händchen zugewinkt oder ihnen gar ein unmißverständliches Zeichen kindlichen Übermuts gegeben hätten. Denn daß sie zu kleinen Stars geworden waren, die sich auch ohne ihre heilige Herrschaft auf Ansichtskarten gut verkaufen ließen, mußte ihnen zu Ohren gekommen sein.

Doch nur mittelbar werden wir es jetzt mit dem kostbaren Schatz im Semperbau zu tun haben, weil unsere Aufmerksamkeit auf den Galeriewächter gelenkt wird, der am Eingang zum Sonderraum Posten bezogen hat, um mit ernster Würde und schläfrigen Augen die Wallfahrenden zu begleiten.

Dem Gemälde gegenüber war eine Polsterbank aufgestellt, die den länger hier Verweilenden die andächtige Betrachtung erleichtern sollte. Eines Tages hatte sich auf dieser Bank ein Ehepaar niedergelassen, das zu einer englischen Reisegesellschaft gehörte. Die müde gewordenen Wächteraugen wurden plötzlich von einigen raschen Lidbewegungen blankgeputzt, als nämlich der Engländer aus der Tiefe seiner Manteltasche ein stattliches Lunchpaket zog und es sich auf die Knie legte. Daß jemand angesichts der Madonna zu essen wagte, war dem braven Kustos während seiner Amtszeit noch nicht vorgekommen. Wie, so fragte er sich besorgt, wenn der Mann dort tatsächlich das Paket aus der Tasche geholt hatte, nicht etwa um ein Nasentuch darunter herauszuziehen, sondern um sich zu stärken?

Der Wächter behielt die Hände des Engländers scharf im Auge. Noch lagen sie unentschlossen auf dem Paket und machten keine Anstalten, sich in pietätloser Absicht in Bewegung zu setzen. Zeit genug also, das einzigartige Vorkommnis und die erforderlichen Maßnahmen zu überdenken, für die seine Dienstvorschrift keine Anweisungen gab. Sogleich kamen ihm Bedenken. War es möglich, daß seine Auffassung von Andacht in Konflikt mit der verzeihenden Güte der Madonna geraten konnte, der ein herzhaft kauender Mund ebenso lieb war wie ein betender? Würde die heilige Mutter einem Hungernden versagen, sich unter ihren Augen zu sättigen?

Konnte sie nicht im Gegenteil den Wunsch haben, die Speise mit ihrer Liebe zu segnen?

Schon aber krümmte sich der Zeigefinger des Engländers und schob sich sachte, jedes Knistern des Papiers meidend, zwischen das Päckchen. Nun gab es an seiner Absicht keinen Zweifel mehr, und wenn hier etwas verhindert werden mußte, war keine Zeit zu verlieren. Dem Wächter kam die Möglichkeit eines zumutbaren Kompromisses ein: Essen ja, aber nebenan bei Rubens. Dort, zwischen üppigem Lebensgenuß und runden Leibern, mochte der Verzehr eines Vesperbrotes gerechtfertigt sein.

Der Wächter näherte sich auf den Spitzen seiner sorglich geputzten Schuhe dem Engländer, neigte sich zu ihm hinab und flüsterte:

»Vielleicht ässen Sie drüben bei Rubens, mein Herr.«

Der Engländer hob sein Gesicht und lächelte unschuldig und um Nachsicht bittend, denn er hatte kein Wort verstanden.

»s' is hier wechen der Biedäd, wissen Se«, fuhr der Wächter mit großer Milde fort. »Bei Rubens sin mer nich so gleinlich.«

Der Engländer hatte nicht verstanden. Der Wächter deutete auf das Vesperbrot, das nun mit herabhängenden, roten Schinkenzungen offen vor ihm ausgebreitet lag, deutete auf seinen Mund und machte zum besseren Verständnis ein paar Kaubewegungen.

»Ah«, nickte der Engländer, der glaubte, verstanden zu haben und hob das Paket dem braven Sachsen entgegen: »Bitte«.

Nun war die Verlegenheit groß. Denn ohne Zweifel verfehlte der Anblick der Brote nicht eine gewisse Wirkung auf den Geschmacksnerv des Wächters, zum anderen fühlte er sich von dem selbstverständlichen Entgegenkommen angerührt. Doch überwand er sich, solcher Verführung nachzugeben, und folgte seinem Gewissen, das ihm geraten hatte, den Raum der Andacht nicht zum Speisezimmer werden zu lassen. Mit seinem Hinweis auf die Pietät hatte er nichts erreicht. Er besann sich kurz, während ihn der Engländer fragend ansah, und entschied sich für eine schlichtere Begründung seines dienstlichen Einwandes.

»Und überhaupt isses eichentlich hauptsächlich wechen der Grimchen.« Dem Nichtsachsen sei erklärt, daß der brave Mann sich um herabfallende Brotkrümel sorgt.

»Ah, Grimchen!« wiederholte der Engländer aus Gefallen am sanften Klang des Wortes und zeigte sich interessiert.

»Ja, Grimchen«, bestätigte der Wächter erleichtert, weil er sich verstanden wähnte.

Der Engländer sah seine Begleiterin an, die ihm aber auch keine Erklärung geben konnte.

»Grimchen?« frage der Engländer, sich noch einmal vergewissernd.

»Wenn se all hier ässen, hammer alles voller Grimchen, und dann hat der de Grimchen an der Hose.«

Es mag erstaunen, daß unser Sachse nicht auf den Gedanken kam, unverstanden geblieben zu sein. Doch darf ein Sachse sicher sein, daß dort, wo es an Vokabeln fehlt, die Melodie der Sprache sich eindringlich mitteilt, denn der Sachse spricht mit Seele. Darum verwundert es auch nicht, daß der Engländer sehr wohl verstanden zu haben glaubt, denn er packte sein Schinkenbrot wieder ein und schob es in die Manteltasche.

»Wo Grimchen?« fragte er neugierig und erhob sich.

»Grimchen nebenan bei Rubens«, beeilte sich der brave Wächter, worauf sich das Gesicht des Engländers erhellte.

»Let us see the paintings of Grimchen.« Der Engländer aber suchte vergeblich im Katalog nach Grimchen, und auch der Beamte an der Galeriepforte konnte ihm nur die Auskunft geben: »Wir ham hier zwar die Bilder der bedeutendsten Maler der Welt, aber von Grimchen ham wer noch nischt.«

Martin Kessel

Lob des Narren

Ein kluger Narr ist doch was wert,
er sieht die Welt so hübsch verkehrt,
sein bestes Ich hält er versteckt,
er läuft dort rund, wo ihr aneckt.

Wo ist ein Käfig, ein System?
Das liebt er, so auch ein Problem,
doch nur, damit er ihm entspringt.
Und lustig ist er, wenn's gelingt.

～～～～～～～～～

Skepsis

Wenn wir noch bis morgen leben,
das versprech ich, dann wird's heiter.
Und was noch? Was sagt ich eben?

Dann geht's einfach nicht so weiter.
Jeder Tag ist dann der längste.
Sicher, sicher! — Denkste, denkste!

～～～～～～～～～

Aufgewärmte Moden

Das hab ich alles
schon einmal gegessen,
das hab ich alles
schon einmal geschluckt,
darauf
war ich auch schon versessen,

so
hab ich auch schon aufgemuckt.
Immer das gleiche,
beinahe dasselbe:
alles fließt abwärts,
Rhein wie Elbe.

Gotthold Ephraim Lessing

Der Affe und der Fuchs

Nenne mir ein so geschicktes Tier, das ich nicht nachahmen könnte! so prahlte der Affe gegen den Fuchs. Der Fuchs aber erwiderte: Und du, nenne mir ein so geringschätziges Tier, dem es einfallen könnte, dir nachzuahmen. Schriftsteller meiner Nation! — Muß ich mich noch deutlicher erklären?

Richard Wagner

Sinngedichte und Widmungen

Die Modernen

Laßt in den Grüften eure Ahnen modern,
wir richt'gen Kerle sind modern:
da, wo der Jetztzeit Flammen lodern,
sind selbstverständlich Wir die Herrn.

Wir machen leider zwar
nicht selbst die Mode,
allein wir machen sie doch mit!

Was jederzeit und immer da gewesen,
ist keines Schusses Pulver wert:
Wir fegen es mit tücht'gen Modebesen
zum alten Plunder unter'm Herd.

An Franz Fischer

(in einer Partitur des »Siegfried«)

Zumpe-Seidl'scher Fehler-Verwischer,
Cello kühn mit Klavier-Vermischer,
schlechter Musik unerbittlicher Zischer,
Zukunfts-Musik-Kapellmeister Fischer,
Dilettanten-Orchesterspiels-Auffrischer!

Gische das Bier Dir immer gischer,
decke der Tisch sich Dir immer tischer!
Wer reimte wohl künstlicher, ver-
    schlag'ner
als Ihr ergebener Freund Richard Wagner.

Lene Voigt

De säk'sche Lorelei

Ich weeß nich, mir isses so gomisch
Un ärchendwas macht mich verstimmt.
S'is meechlich, das is anadomisch,
Wie das ähmd beim Mänschen oft
    gimmt.

De Älwe, die bläddschert so friedlich,
Ä Fischgahn gommt aus dr Tschechei.
Drin setzt'ne Familche gemiedlich,
Nu sinse schon an dr Bastei.

Un ohm uffn Bärche, nu gugge,
Da gämmt sich ä Freilein ihrn Zobb.
Se schtriecheltn glatt hibbsch mit
    Schbugge,
Dann schtäcktsn als Gauz uffn Gobb.

Dr Vader da unten im Gahne
Glotzt nuff bei das Weib gans entzickt.
De Mudder meent draurich: »Ich ahne,
Die macht unsern Babbah verrickt.«

Nu fängt die da ohm uffn Fälsen
Zu sing ooch noch an ä Gubbleh.
Dr Vader im Gahn dud sich wälsen
Vor Lachen un jodelt: »Juchheh!«

»Bis schtille«, schreit ängstlich Ottilche.
Schon gibbelt gans furchtbar dr Gahn,
Un blätzlich versinkt de Familche . . .
Nee, Freilein, was hamse gedan!

141

Dieter Saupe

Ole Saftkopp

(Parodie nach Erwin Strittmatter, Ole Bienkopp)

1

Saftkopp ist hinter der Anngret her. Ohne Flax. Denn Flax poussiert mit der Schickse vom Suffel. Suffels Bulle rast über den Hof, daß die Fünklein stiebchen. Im Stübchen sitzt Anngret. Ole Saftkopp kommt vom Bäumefällen. Er hat kalte Füße und seine Käsebrot vergessen.

»Was muß ich tun, damit ich mich bei dir wärmen kann?«

»Hol erst dein Käsebrot.«

2

Draußen stehn alle und ziehen einen Flunsch. Damned, wo ist nur das Käsebrot? Hat es der Sägemüller Ramsch versteckt? Oder der Anton Klotzknochen in der Tasche? Der runkelt die Nase und weiß von nichts. Bleiben Kule Bamms und Hermann Quarkglitscher. Und die Hillegimmel vom Senfmärkse. Und die Ute Drollig und die Maria Putzig. Goddamm, das Käsebrot muß her! Sonst ist die Wirtschaft der DDR hin.

Da kommt der Saftkopp. »Was gefunden?«

Nein, sagen die Funktionäre.

Da glunscht was Weißes hinter der Baracke vom Bauernverband Grüne Tunte. Papier. Mit dem Käsebrot drin. Anton Klotzknochen sieht es als ersten. Er fusselt draufzu. Patscht mit der Tatschhand hin, daß die Sägespäne gickern.

»Paß auf!« schreit Senfmärkse noch.

»Ich passe!« schreit Klotzknochen. Aber der Baum ist schon unten. Klotzknochen drunter und tot. Wie im Stenogramm. Bau auf, bau auf, singen die Pioniere. Ringsum schweilen die Kreissägen.

»God bless his soul«, sagt Saftkopp.

»Protz dein Englisch ab«, sagt Kule Bamms, »oder sind bei euch in der Lausitz die Amis gelandet? Echt Sachsenbabbel«, fügt er hinzu.

»Schißkojenno«, sagt Saftkopp, »ich muß nach Hause, meiner Anngret den Bullen bumseln.«

3

»Ich will mich bei dir wärmen«, sagt Ole Saftkopp.

»Erst dein Büllchen aufs Kühlein«, sagt Anngret.

Der Stier schummelt sich was. Der Klecker greift. Anngret zockeln züstern die Litzen.

»Jetzt?« fragt Ole Saftkopp, »mir ist so sozialfickerig.«
»Wait and see« sagt Anngret, »erst bring deinen VEB-Text zum Aufbau-Verlag Rote Grütze.«
Ole schmulmt hin. Gibt das Zeug ab. Kein Saft vom Bobrowski, wie er das vorhatte. Aber take it easy, die nehmen das Gelumpe.
Ole fährt wieder heim. »Jetzt?« fragt er. »Jetzt nicht mehr«, runzt Anngret, »du hast schon genug gefummelt.«
No love-making also. Aber Saftkopps Käs is gerettet.

Georg Bötticher

D'rnähm

Vom »Gaffee Geßwein« hammse wohl
   geheert,
Am Briehl in Leipzg? — Das is Sie
   sähenswert!
Da is in Angdreh änne Inschrift zu läsen,
Daß »Göthe« als Studio hier Stammgast
   gewäsen,
Hier Dage und Nächte langk zugebracht
Un Gäthchen Scheengopf de Gur hat
   gemacht.
Es hängt ooch in Zimmer da noch ä
   Bild —
's is so änne Art von Wertshausschild —
Das er damals, verschossen und liebes-
   doll,
Fer'n Vater von Gäthchen gemalt hawen
   soll.
Ooch viele Bordräs befinden sich hier:
Von Gäthchens Ältern, von ihn un ihr;
Un Briefe von ihrer un seiner Hand,

Hibsch eingerahmt, hängen an d'r
   Wand —
Gorzum, ä Museum iss uffgebaut,
Was de jeder, der hingommt, sich be-
   schaut. —
So is da letzt ooch ä Fremder gegomm,
Der de alles in Augenschein hat
   genomm,
De Bilder un Briefe hat betracht
Un sich fortwährend Notizen gemacht,
Sich ooch eingehend hat lassen beschreim
Den Dichter sei Lähm hier un Treim.
Un wie er nu grindlich sich informiert,
Da spricht'r fer'n Gellner, der'n rum-
   gefiehrt:
»Von heechsten Interesse! Das muß ich
   sagen!
Und hier hat sich alles das zugetragen?«
»Hier! — heeßt das, bis uff das Eene ähm:
Bassiert is de Sache in Hause d'rnähm!«

Jo Hanns Rösler

Winterkartoffeln

Wer das Büdchen nicht ehrt, ist den Supermarkt nicht wert. Unsereiner kauft noch gern im Büdchen. Im Büdchen macht man ein Schwätzchen, im Büdchen erkundigt sich die Ladenfrau nach dem Wohlbefinden der lieben Kinderchen, im Büdchen bekommt man noch ein Titelchen angehängt, im Büdchen heißt es: »Beehren Sie mich bald wieder!«, im Büdchen walten die Kleinkramerin und der Kleinkramer getreulich hinter der Ladentafel. Es lebe das Büdchen!

Beim alten Gaunert in der Nebengasse gab es Winterkartoffeln. Er hatte einen großen Vorrat.

Die Kartoffelsäcke standen bis auf die Straße hinaus. Vor dem Schaufenster ein Kartoffelsack neben dem anderen.

Über die Tür geschrieben, an das Schaufenster gemalt: »Heute noch Kartoffeln zum alten Preis! Letzter Tag!«

So kamen die Kunden.

»Was kosten die Kartoffeln?« »Wir verkaufen noch zum alten Preis.« »Kostenpunkt?« »Fünf Pfund fünfundsiebzig Pfennig.« »Nur noch heute?« »Heute ist der letzte Tag.«

Kunden kamen und kauften in Mengen. Sie kauften auf Vorrat. Zum alten Preis. Die Gelegenheit lasse sich entgehen, wer will.

Beim alten Gaunert wurde vom Wiegen die Waage warm.

Die Registrierkasse stand nicht still.

»Fünf Pfund fünfundsiebzig Pfennig! Wieviel Pfund dürfen es denn sein, junge Frau?«

Die Kunden standen bis auf die Straße hinaus.

Sie standen in Reihen und standen in Schlangen.

Sie kamen zweimal und dreimal.

Daheim baten die Hausfrauen ihre Ehemänner um Vorschuß: »Beim Gaunert gibt es noch Kartoffeln zum alten Preis! Heute letzter Tag!«

Die Ehemänner bewunderten anerkennend die weise Umsicht ihrer Ehefrauen.

Johannes kam des Weges daher. Auch er sah die Kartoffelschwemme.

»Kartoffel zum alten Preis! Heute letzter Tag!«

Er stellte sich hinten an. Als er an der Reihe war, fragte er: »Zum alten Preis?« »Ja. Nur noch heute. Fünf Pfund fünfundsiebzig Pfennig.«

Johannes fragte: »Und morgen? Was werden die Kartoffeln morgen kosten?«

»Den neuen Preis.«

»Wieviel ist das?«

Gaunert sagte, aber leise: »Fünf Pfund fünfundsechzig Pfennig.«

Anonym

Der Lausitzer Weber im Dorfkretscham

Wenn'ch uff'n Obend zu Rande bin
mit Assen un mit Suppen
do gie'ch a wing an Kratschn hin
un keef' mr no an Druppen.

Ne arnd, doß'ch goor a Siffl'ch wär,
a liederliches Sticke,
nee, ich verintressier' mich sehr
fer Wirtschaft und Pul'tike.

Fersch erschte is der Kantor do
und rocht sein Kuba-Knaster.
Im achte kimmt der Schreiber
und der kathol'sche Pastor.

Der Pfarr hoot Wein, der Schreiber Tee,
der Kantor sitzt beim Biere,
mir trinken Schnaps und da drbee
gibt's a Gedischkeriere.

Fritz Barschdorff

Der wilde Max erzählt . . .

Stand die kleine Gruppe Dienstmänner an der Straßenecke, vor dem rechten Ladenfenster, so daß man ihre vom Alter und Lastenschleppen gebeugten Rücken lange Zeit fast unbeweglich sah, so wußten es die Eingeweihten: der wilde Max erzählt . . .
Zu dieser Gruppe gehörte Anton, der auch der versoffene Anton hieß. Da er zugleich Couleurdiener einer studentischen Verbindung war, fiel auch hier für ihn der nötige Alkohol ab. Mit Vorliebe trug Anton Turnschuhe. Die drückten nicht und waren angenehm leicht. Er trug sie auch an seinen Ausgehtagen. Da wußte er aber auch, was sich für einen Couleurdiener ziemt. Denn er zog an solchen Tagen seine weißen Hosen und seinen schwarzen Gehrock an, setzte einen steifen Hut auf sein Haupt, und hielt einen derben Spazierstock in der Hand, der an einem der studentischen Kneipabende in irgendeiner Ecke stehengeblieben war. So ausgerüstet, besuchte er die vielen kleinen Gastwirtschaften, in denen er durch seine weitverzweigte Tätigkeit bekannt war — drückte dem Wirt die Hand, begrüßte ein paar Gäste, trank einen Schnitt Bier oder einen Schnaps und ging in die nächste Kneipe.

145

Alles eilig und wichtig, als hätte er ein dringendes Geschäft zu erledigen. »Ooch hinne heite, Anton?« scherzte der eine oder andere. »Ich mache heite de Runde — keene Zeit — ich komme sonst nich rum«, antwortet der mit heiserer Stimme, die einem Grunzen glich. Hatte er so gewissenhaft keine ihm bekannte Kneipe vergessen, so war sein Gesicht noch röter und aufgedunsener als sonst, und sein Ausgehtag war damit zu Ende.

Einen anderen Dienstmann, dem die weißen Haare in dichten Strähnen unter seiner Mütze hervorsahen, nannten sie den Schtumpelschtecher. Er sammelte weggeworfene oder an Schaufenster und Treppenhäusern weggelegte Zigarrenstummel. Er gab das aber niemals zu. Er rauche nur, wenn es ihm schmecke. Und wenn er da manchmal mit einer Zigarre erst zur Hälfte wäre, bewahre er sie auf, bis es ihm wieder schmecke. Die Stummel zerschnitt er zu Pfeifentabak, oder er rauchte sie, wenn sie noch gut erhalten waren, in seiner schwärzlichen, verräucherten Zigarrenspitze.

Der dritte der Gruppe war der kleine schmächtige Abraham, der viele Jahre bei der Heilsarmee gewesen war. Von ihm sagte der wilde Max, daß er immer die »Zwenksche Krankheet« hätte. Abrahahm galt als verrückt, weil er je nach Jahreszeit oder Laune seine Fußbekleidung wechselt, fortwährend Selbstge-

spräche führte, wobei er auf die Frage, ob er etwas gesagt habe, stets mit »Wie?« antwortete. Kein Zweifel, er war verrückt. Im Winter trug er Filzschuhe, dann wieder einmal hohe Schaftstiefel oder Schuhe der verschiedensten Art, die er von denen geschenkt bekam, die überflüssiges Schuhwerk hatten und ihn kannten. Nicht selten besserte er sie auch selbst aus. Lange Zeit trug er auch ein Paar Lackschuhe, in die er nicht wenig verliebt war. Sie mußten ehedem für feine, schmale Füße gearbeitet worden sein. Durch Abrahams Füße waren sie ausgetreten und hatten sich nur noch ihre lächerlich erscheinende Spitze bewahrt. Oft, wenn er mit vorgestreckten Beinen an der Mauer lehnte, spuckte er ein ganz klein wenig auf die Lackspitzen und rieb sie dann abwechselnd an den Hosenbeinen, bis sie ganz blank waren.

Begann der wilde Max zu erzählen, so zögerte er stets, sich sofort hinzustellen. Die verdammten Geschichten hielten einen bloß von der Arbeit ab. War es doch schon vorgekommen, daß ihm ein Reisender auf die Schulter geklopft hatte, wo es doch umgekehrt sein sollte! Wenn man halbwegs ein paar Groschen verdienen wollte, mußte man schon höllisch hinterher sein. Wenn hier auch ein Kreuzungspunkt vieler verkehrsreicher Straßen war, der Bahnhof und die ankommenden Reisenden gut beobachtet wer-

den konnten, so war doch wiederum gegenüber der Standort der Droschkenkutscher und der einer anderen Gruppe Dienstmänner, die ihnen manches Geschäft vor der Nase fortschnappten. Da saß da drüben der feine Bernhard, dem man jedes Wort abkaufen mußte, und der so tat, als wäre er wunder was. Dabei hatte er doch sein ganzes Geld verjuchhet, der alte Sünder. Da waren Schlosserkarl und Schmiedtemil, die beide Fahrräder hatten. Und das Unikum erst, die Kaulquappe. Wie klein und fett er war, und der kurze, gedrungene Hals, den er hatte, fast war es gar keiner. Und seine großen hervorquellenden Froschaugen.

Den größten Triumph hatte die Gruppe am Schaufenster, als die Rollschuhmode aufkam. War das ein Gaudium, als die Kaulquappe mit Rollschuhen an den Füßen täglich mehrmals um die Verkehrsinsel herumsegelt, die sich in der Mitte des Platzes befand. Wie ein hilfloses Wrack, oder wie einer, der einen Schwips weg hat und obendrein Seil tanzen will. Das waren Dinge, die den wilden Max jedesmal zu dem Ausspruch veranlassen konnten: »Herr, siehe dein Volk an — es sin lauter Zijeiner.«
Der wilde Max saß stets auf dem Sims des großen Ladenfensters. Dieser Sitz gehörte ihm. Saß ein anderer dort und der kam dazu, so machte er ohne weite

147

res bereitwillig Platz. Das Ladenfenster war bis zur Manneshöhe milchfarbig gestrichen. Um so ungestörter konnten sie hier sitzen — ihr Mittagsschläfchen halten oder sich auf andre Art die Zeit vertreiben.

Es war ein heller, freundlicher Nachmittag. Die angrenzenden Straßen zeigten ihr um diese Zeit übliches Gesicht.

Abraham ging langsam auf und ab, sah auf seine Schuhe und murmelte vor sich hin. Da stand man hier und wartet bis zum Schwarzwerden. Hatte es nicht seine Frau besser, die in die Buchbinderei ging? Solange Arbeit da war, hatte sie wenigstens ihren regelmäßigen Verdienst. Ja, er allein hätte die Kinder nicht ernähren können. Kaum eins. Geschweige denn vier. Hatte nicht neulich die Zweitreppige gesagt, sie sähen aus wie Bettelkinder —! Die sollte sich ja vor ihm in acht nehmen. Zornig stieß er im Gehen ein Blatt Papier mit dem Fuß zur Seite. An der Ecke angelangt, bog er schnell in eine Seitenstraße ein und trat in die erste Hausflur. Prüfend sah er sich um. Langte dann in seine Bluse, zog die Flasche hervor und trank einige hastige Schlucke. Die Flasche wieder verbergend, trat er mit unbefangener Miene auf die Straße. Ging schnell bis zur nächsten Ecke und nahm dort seinen langsamen Schritt wieder auf. Es war durchaus nicht nötig, daß es jemand sah.

Da bemerkte er, wie bereits einige um den wilden Max herumstanden, dröhnend lachten und ihn drängten, die neueste Räubergeschichte zu erzählen. Der hatte gut erzählen. Hatte ja auch halbwegs etwas Sicheres jeden Monat. Denn er bekam eine kleine Rente für seinen rechten Zeigefinger, dem zwei Glieder fehlten. Freilich sagte er, er hätte sich die fehlenden Glieder einmal vor Wut abgebissen, weil er einen hauen wollte und der ausgerissen wäre. Nein, Abraham wollte sich nicht mit hinstellen. Man kann nicht wieder los von ihm. Dieser Teufel hatte es ja auch nur auf ihn abgesehen. Wie er zögerte und nach ihm hergrinste! Abraham fühlte das, auch wenn er nicht hinsah.

Lange konnte er indes das Abseitsstehen nicht durchführen. Sie riefen ihn, bis er mit ärgerlichen Schritten, von denen jeder ein Protest war und zeigen sollte, daß er nicht gern kam, zu ihnen trat.

Der wilde Max saß auf dem Fenstervorsprung und lehnte mit dem Rücken an der Scheibe.

»Gibb mir erscht mal een«, sagte er zu dem Schtumpelschtecher. Dieser entnahm seiner Ledertasche einen längeren Zigarrenstummel. Max steckte ihn in seine papierne Zigarrenspitze und ließ sich Feuer geben. Dann rückte er ingrimmig an seiner Dienstmannsmütze, bis sie etwas schief saß, zog die borstigen Augenbrauen finster zusammen und kreuzte die Arme über der Brust. »Was denkt ihr wohl, wenn ich meine Wut kriege — ich haue alles kurz und kleen — da is mir alles egal dann —.« Starr sah er dabei vor sich hin. Wenn nun vollends die Muskeln seiner Kinnladen tanzten und vibrierten, sagte beinahe keiner seiner Zuhörer ein Wort mehr. Das sah auch zu unheimlich aus. Eine fürchterliche Wut mußte in ihm kochen. Dabei konnte man das Spiel seiner Kinnladen wie das letzte Aufflackern eines unglücklichen Gegners deuten, der unbarmherzig zermalmt wurde.

»Gestern — ja — ja — da is mir wieder sowas komisches passiert. Mer solltes garnich fer meeglich haltn. Ich sitze also hier uffn Sims un trockne mir meine Mütze innewendch, weils doch son heeßer Tag war. Da kommt eener un sagt, werter Freind, Sie könn mir mal mein Koffer von der Bahn holn. Wie ich schon sagte, war's mächtch warm, un hier an der rechten Ecke beim Konditter putzte das neie Dienstmädchen von Zahnarzts grade de Fenster. Daderbei trat se so weit raus, daß ich jeden Momang dachte: jetzt fällt se. Ich schtand dessertwegen immer mit een Been uffn Schprunge, daß ich se noch zu packn kriege, wenn se fällt. Ich sage nu zu dem Reiseonkel: Ich habe jetzt keene Zeit. Entschuldigen Sie, meent er, un sah nach de Uhr — wielan-

ge könnte denn das dauern? — Ne halbe Schtunde vielleicht, das weeß ich jetzt noch nich. Da komm ich nachher noch mal, sagt er, zieht den Hut un sagt adjö. Adjö. Ja, ich passe wieder uff, daß die leichtsinnige Karline nich ausn Fenster fällt — da uff eemal merke ich, wie jemand von der Seite her ruft. Sst! Sst! Sie da —! Nach, ich schiele mit een Ooche hin, daß ich nich verpasse, wenn se runterfällt, un sehe da, wie eener uffä Gaule sitzt. Lange Reitschtibbeln, schwarzn Schwenker un Esse. In sein Handschuhfingern hat er ä weißn Brief — un ruft so von ohm runter, daß ich den Brief gleich besorgen solle. Das Kerlchen hättet ihr überhaupt ämal sehn solln. Den uffn Feifenkopp — da könnt ihr vor Lachen nich roochen. Na, ich denke mir, so eilig wärd das nich sin mit dein Briefbesorchn, un meene zu ihm, daß ich jetzt keene Lust habe. Hä — macht er un klemmt sei drittes Ooche fester ins Gesichte. Er hatte 's wohl nich richtch verstandn, un da sag ich's noch ämal, daß ich jetzt keene Lust nich habe. Ach nee, sagt er, un fung an zu feixn. So recht dreckch, wißt ihr, un das wißt ihr ooch, daß ich alles vertragn kann, bloß das nich. Ich behalte abber meine Ruhe un gucke wieder mit allen beeden Oochn bei Zahnarzts ihre Ana. Uff eemal schreit der von sein Gaul runter mit änner Stimme, wie ne Groschentrompete. Fräächer Kärrl, sofort kommst du her —!

149

Jetzt feixe ich. Das bringt mein Urach natierlich in de Wolle, un gefällt mir, weil das ä menschlicher Zug is, den ich ooch von mir kenne. Wie ich nu immer noch feixe un sitzn bleibe, huppt eich der Kerl, als hättn der Hahn gehackt, mit seiner Zicke uffs Trottewahr un fuchtelt mit seiner Fiepe in de Luft rum. Na, ich denke, was soll denn das nu wärn, wenn's fertj is? Hau du nur! Een Schlag! Un wärklich zieht er mir eens übern Buckel. Wenn Anna jetzt runterfällt, is der Schuld! Mir wärds schwarz vorn Oochn — alles schwimmt — na, ihr kennt mich ja — greife dem Bock in de Nasenlöcher, un mit der Faust haukch eens uff de Pferdeschtärne. Der Gaul kriegtn Lachkrampf in de Kniëä un fällt um. Mei Anies kommt mit een seiner langschtibblichn Beene daderbei unter den Pferdebauch zu liegn. Er krächzt und zappelt un schreit, wenn er sein Bixtol mit hätte — — —. Ich setzte mich wieder uff mein Platz un sage« siehste mei alter Freind, du kennst den wilden Max noch nich. Nu schreit er un schimpt un zerrt wie verrückt an sein Been rum. Wie das so is — hier an der Ecke is immer ä mächtger Verkehr — da dauerts nich lange, un alles is schwarz von Menschen. Alle schtehn drum rum. Kenner traut sich ran, weil das Pferd um sich schlägt. Mir dauert das nu ooch ä bißchen lange. Das arme Pferd konnte doch nischt davor — un eh

ä Schutzmann geholt — oder de Feierwehr — denke ich, 's wärd doch besser sin, wenn du die Sache wieder ins richtge Gleise bringst. Erscht gucke ich noch mal bei Annan, die natierlich 's Fensterputzen vergessn hat un das ganze Theater fein sehn kann — un schubbe de Menschen beiseite. Da liegt nu der zitternde Gaul, un mein Freind hat sei Been immer noch unter den Pferdebauch. Ä paar Zuschauer ham unter de Ärme gefaßt un zerrn und zerrn — —. Na, ich packe das zitternde Vieh mit eener Hand an Hals, mit der anderen an Schwanz, hebs in de Höhe un schtells wieder sachte uff de Beene. Was mein Freind is — kraucht uff alln Viern rum — denn bei dem Zerrn da hatter sei Been glücklich aus sein Schtibbel rausgewärgt. Nu schtand er da mit een Schtibbel un een rosarotn Schtrump. Vor lauter Hitz konnte er sein Langschäfter nich schnell genug anziehn, drehte sich erscht paarmal im Kreise rum — fiel beinahe hin — bis eener mit half. Wie ich den Leiten de ganze Geschichte erzähle, klatschn sie in de Hände un wolln mich uffs Pferd setzn. Aber ich winke mit der Hand, se solln nich solches Uffhebens machen von der Sache. Mei Urach is nu schleinigst wieder uff sein Bock geklettert un will sich ausn Schtoobe machen. Wie er schon son Schticke fort is, feife ich mit mein zwee Fingern Huitt! Er dreht sich um, un ich winke. Richtch kommt er schnell angeschwirrt, zieht hefflich sein Hut un fragt, was ich wünsche. Ich mache noch ne kleene Kunstpause, weil er so verlegen is un seine hohe Persönlichkeit so lächerlich gemacht wurde, un sage denn leise zu ihm: du hast doch vorhin ä Brief zu besorchn!? Er sucht mit zittrigen Fingern in sein sämtlichen Taschen rum un bringd endlich den ganz zerknautschten Brief raus. Die Adresse schteht druff, haucht er, un will mir son hartes Tick Gott-mit-uns in de Hand drückn. Ich sage, laß nur dei Geld schtickn, da kannste dir dein Anzug frisch aufbiegeln lassen. Immer nobel, un wenn's Hemde guckt — wenn ooch heeme der Kamm uff der Butter liegt. Er sagte: danke scheen, un drückt sich seitwärts in de Büsche. Eh ich mich uff de Sockn mache, gucke ich erscht noch mal bei Annan. Abber die is nich mehr zu sehen. Wahrscheinlich isse doch runter gefalln, weil ich nich immer hinguckn konnte . . . An den fein Hause, was uff den Brief schteht, klingle ich. Son' glattrasierter Junge nimmt mir den Brief ab, un ich sage fix, daß ich uff Antwort warte. Ich schtehe da un warte — kee Mensch läßt sich sehn. Na, ich machte de Tür von innewendch zu, geh durchn Garten — ä paar Schtufn nuff un ins Haus. Das kannch eich nu gar nich beschreim, wie's da aussah. Ihr wärd glatt

uffn Rückn falln. Alles in Marmor un dicke Teppche — da gehste als obste schwebst —. Ich huste nu mal so recht anzieglich, un wie ich mich umdrehe, da schteht eene da — ich wußte nich, is die gemalt, oder is das sone Fijur, die schon daschtand, alste reinkamst. Die Fijur schtärzt mir vor de Beene, habt de Hände hoch und bettelt, ich soll ihr nischt tun. Ich schtreiche ihr über ihre fein Haare un sage, ich will Sie nischt tun — ich kenne Ihnen doch gar nich. Ich gloobe, ich habbe geweent. Abber denn schrie ich mit Wut in der Schtimme, ich müßte sofort was zu essn ham — ä fein Pickus müßt ich ham. Was denkt ihr wohl, wie die nausflitzte. Eens zwee drei kamse wieder rein, un zwee Diener brachtn ä Tisch mit lauter Fressereien druff. Ich — mein Leibriem abgeschnallt — un wie so ä Habicht über den Tisch her — ich habbe eich ungefähr gehamstert wie ne neinköppche Raupe. Mir wars Wasser immer aus eener Backe in de andre geloofn. Wie ich fertch bin, kommt das kleene Freilein rein und fragt, ob ich ihr helfn wolle. Na, warum denn nich? Wenn sies verlangt hätte, hättch das ganze Haus umgefackt, weil ich so satt war un sie so hübsch. Ja, sie wolle von hier fort fliehn. M. W., mit Wonne sage ich. Sie hielt's hier nicht mehr aus. Natierlich — das feine Essen jeden Tag. Handwagn — der wärde geniegen für ihre Sachen. Gut, ich hole

151

den Wagn raus, un sie bringt ungefähr son Schticker zwanzch Hutschachteln raus. Abber solche Schachteln, da konnt ich allemol bloß eene untern Arm nehm. Wie ich alle zwanzch uffgeladn hatte, zogn mir los. Niemand ließ sich sehn. Ich hätts je ooch keen geraten. Abber wundern tatch mich, wo se eegentlich hinwollte. Kreiz un quer ging's durch de Schtadt. Eenmal links und eenmal rechts — dann wieder links — dann ging's im Kreise rum, bis mar wieder uffn sellm Flecke schtandn. Wie mir so ne Schtunde egal hin und her gefahrn warn, da sagt se zu mir — mir wolltn nur wieder ze Hause gehn. 's wär heite so scheißliches Wetter — se hätte gar nich gedacht, daß der Wind so kalt blieb. Un ihre Gummischuhe hätte sie ooch vergessn. Un wie ihr de Beene weh tätn von den vielen Loofn. Da fuhr ich ähmt wieder heeme un lud de Hutschachteln ab. — Ich mache jeden Unfug mit. Nu horcht mal genau druff, was ich eich sage. Morgen oder wenn's grade mal paßt, nehme ich Schlesingern sein zehnmetrigen Möbelwagen un fahre nach der Willa. Das kleene Freilein hat schon ze mir gesagt, dasse von ihrn zwölf Zimmern bloß zweeä braucht. Da lade ich alles uff, die fein Tische und Schtühle, de Teppche un so, un da machn mir mal son recht verhaun Tag, un ich schenke eich dann alles — — ich wär mich doch nich mit dem ganzen Kram rumärgern. — — — Hm — 's geht nirgends närrscher zu als in der Welt — —«

Der wilde Max steht auf, reckt sich und macht einige schwerfällige Schritte.

Abraham enfernt sich eilig und murmelt so etwas wie: »Der Schromer, der ganz große.«

Da lachte der Max durch die Nase und entnimmt einer abgegriffenen Blechdose ein Stück Männerschokolade, wie er den Priem nennt.

Die neueste Räubergeschichte haben seine Zuhörer diese Erzählung genannt. Sie ist aber schon so oft von ihm erzählt worden, daß sie sie selbst so ziemlich auswendig können. Nur schmückt sie der wilde Max öfters hier und da ein wenig aus, oder bringt ein neues, gerade aktuelles Geschehnis hinein. Und immer beginnen seine Geschichten mit »gestern«. Wenn am Tage der Straßenverkehr an ihnen vorüberflutet und der Gang, die Haltung ,die allerneueste Mode einer oder eines Vorübergehenden ihre Lachlust erregt, dann drehen sie sich um und rufen: »Haste den gesehn? das war dei Freind Anies.« Oder mit einer Kopfbewegung und einem Augenzwinken: «Max — das war deine Fijur, die mit dem großen Schiebel (Hut).«

Dann aber steckt Max sein überlegenstes Lächeln auf und brummt: »So ne Fijur wie meine Fijur, gibt's nich zweemal.«

152

Georg Bötticher

D'r Sakkse

In Schbrachgebied von Meißen
Driffd m'r dän Menschen ann,
Dän sich — zumal in Breißen —
Gee Mensch vergleichen gann.

Von zardrer »Seelensgiede«
Gee zweeder is begannd,

Ä weechrer von »Gemiede«
Läbd nich in deidschen Land.

Ihn schiddsten Gedderhände
Vor »harder Lähmensnod«
Un schdärbd'r ooch am Ende —
Geens schdärbd a samfdern »Dod«!

*

*

Guntram Vesper

Sachsn

Sachsn. E bedärfdsches Land.

Off sein Bernbeim
schmadzd d'r Dod.

Wie e admlos'r Briefdräsch'r
schdeischd'r
zu chäglisch'r Dier,

glaud dn Leidn
de ärmlische Schbrache.

Sidzd rum,
werd fedd,
gehd nisch ford.

Johann Sebastian Bach

Schweigt stille, plaudert nicht

REZITATIV (T)

(Erzähler):

Schweigt stille, plaudert nicht,
Und höret, was jetzund geschieht:
Da kommt Herr Schlendrian
Mit seiner Tochter Lieschen her;
Er brummt ja wie ein Zeidelbär:
Hört selber, was sie ihm getan!

ARIE (B)

Schlendrian:

Hat man nicht mit seinen Kindern
Hunderttausend Hudelei!
  Was ich immer alle Tage
  Meiner Tochter Lieschen sage,
  Gehet ohne Furcht vorbei.

REZITATIV (B, S)

Schlendrian:

Du böses Kind, du loses Mädchen,
Ach, wenn erlang' ich meinen Zweck:
Tu' mir den Kaffe weg!

Lieschen:

Herr Vater, seid doch nicht so scharf!
Wenn ich des Tages nicht dreimal
Mein Schälchen Kaffee trinken darf,
So werd' ich ja zu meiner Qual
Wie ein verdorrtes Ziegenbrätchen.

Schlendrian:

Wohlan! so mußt du dich bequemen,
Auch niemals einen Mann zu nehmen.

Lieschen:

Ach ja! Herr Vater, einen Mann!

Schlendrian:

Ich schwöre, daß es nicht geschieht.

Lieschen:

Bis ich den Kaffee lassen kann?
Nun! Kaffee, bleib nur immer liegen!
Herr Vater, hört, ich trinke keinen nicht.

Schlendrian:

So sollst du endlich einen kriegen!

ARIE (S)

Lieschen:

Heute noch,
Lieber Vater, tut es doch!
Ach, ein Mann!
Wahrlich, dieser steht mir trefflich an!
  Wenn es sich doch bald fügte,
  Daß ich endlich für Kaffee,
  Eh' ich noch zu Bett geh',
  Einen wackern Liebsten kriegte!

REZITATIV (T)

(Erzähler):

Nun geht und sucht der alte Schlendrian,
Wie er für seine Tochter Lieschen
Bald einen Mann verschaffen kann;
Doch Lieschen streuet heimlich aus:
Kein Freier komm' mir in das Haus,
Er hab' es mir denn selbst versprochen
Und rück' es auch der Ehestiftung ein,

Daß mir erlaubet möge sein,
Den Kaffee, wenn ich will, zu kochen.

CHOR (Terzett)
Alle:
Die Katze läßt das Mausen nicht,
Die Jungfern bleiben Kaffeeschwestern.
Die Mutter liebt den Kaffeebrauch,
Die Großmama trank solchen auch,
Wer will nun auf die Töchter lästern!

ARIE (S)
Lieschen:
Ei! wie schmeckt der Kaffee süße,
Lieblicher als tausend Küsse,
Milder als Muskatenwein.
    Kaffee, Kaffee muß ich haben;
    Und wenn jemand mich will haben,
    Ach, so schenkt mir Kaffee ein!

REZITATIV (B, S)
Schlendrian:
Wenn du mir nicht den Kaffee läßt,
So sollst du auf kein Hochzeitsfest,
Auch nicht spazieren gehn.
Lieschen:
Ach ja!
Nur lasset mir den Kaffee da!
Schlendrian:
Da hab' ich nun den kleinen Affen!
Ich will dir keinen Fischbeinrock nach
    jetz'ger Weite schaffen.

Lieschen:
Ich kann mich leicht dazu verstehn.
Schlendrian:
Du sollst nicht an das Fenster treten
Und keinen sehn vorübergehn!
Lieschen:
Auch dieses; doch seid nur gebeten
und lasset mir den Kaffee stehn!
Schlendrian:
Du sollst auch nicht von meiner Hand
Ein silbern oder goldnes Band
Auf deine Haube kriegen!
Lieschen:
Ja, ja, nur laßt mir mein Vergnügen!
Schlendrian:
Du loses Lieschen du,
So gibst du mir denn alles zu!

ARIE (B)
Schlendrian:
Mädchen, die von harten Sinnen,
Sind nicht leichter zu gewinnen.
Doch trifft man den rechten Ort:
O! so kommt man glücklich fort.

REZITATIV (B, S)
Schlendrian:
Nun folge, was dein Vater spricht!
Lieschen:
In allem, nur den Kaffee nicht.

Jürgen Hart

Ieberall sin Sachsen

Ieberall sin Sachsen
Off der ganzen Welt.
Ieberall sin Sachsen
Sonst wär es schlecht bestellt.
Ieberall sin Sachsen
So werds ooch immer sein.
Ieberall sin Sachsen
Und hängen sich mit nein!

Ooch im Reich der Kinste
Mußte nich lang forschen
Unter uns da findste
Ganz gewiefte Borschen!
Garnich wollmer redn
Von de Fillesofen
Schillern selbst und Gethen
Kam ze uns geloofen!

Refrain:
Ieberall sin Sachsen . . .

Wemmer reisen kennten
Noff ins ewche Eis
Gloobe ich, mer fänden
Sachsen rudelweis!
Wo Banan wachsen
In der Drobenglut

Gibs studierte Sachsen
Vom Herderistedut!

Refrain:
Ieberall sin Sachsen . . .

Mir Sachsen machn Bauwer
Und im Regierungschiff
Gricht mer off de Dauer
Nischt ohne uns in Griff!
Mir leiden mit Vergniechen
Und machmer ooch mal Dreck
Den lassen mer nich liechen
Den machmer wieder weg.

Und wenn de Welt voll Breißen wär
Und wolltn uns gar fressen
Da ferchten mir uns ni so sehr
Das gannste glatt vergessen!

Refrain:
Ieberall sin Sachsen . . .

Dieses Lied ist gewidmet den Sachsen
aller Länder und Hautfarben den
schwarzen, gelben, braunen, roten, weißen und grünen!

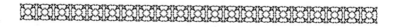

Jürgen Hart

Sing, mei Sachse, sing

Der Sachse liebt das Reisen sehr
Nu nee, nich das in Gnochn
Drum fährt er gerne hin und her
In sein drei Urlaubswochen.
    Bis nunder nach Bulgarchen
    Dut er de Welt beschnarchen!
Und sin de Goffer noch so schwer
Und sin ze voll de Zieche
Und ist es Essn nich weit her
Das gennt er zer Genieche!
    Der Sachse dut nich gnietchen
    Der Sachse singt e Liedchen!

Sing, mei Sachse, sing!
Es is e eichen Ding
Und ooch e tichtches Glick
Um den Zauber der Musik:
Schon es kleenste Lied
Das leecht sich offs Gemied
Und macht dich oochenblicklich
Zefrieden, ruhich und glicklich!

Der Sachse liebt e sattn Saund
Und dun wo Geichen röhrn —
Ob Obernhaus ob Undergraund —
Echal, das muß er hörn!

Und schluchtzt der Geichenboochen
    Da griecht er feichte Oochen!
Der Sachse schmilzt ähm leicht dahin
Auf des Gesanges Fliecheln
Doch eh de Drähne drobbt vom Ginn
Da weeß er se ze ziecheln!
    Der Sachse dut nich wein
    Der Sachse stimmt mit ein!

Refrain:
Sing, mei Sachse, sing! . . .

Der Sachse ist der Welt bekannt
Als braver Erdenbercher
Und fährt er ringsum dorch das Land
Da macht er keenen Ärcher.
    Da braucht er seine Ruhe
    Und ausgelaatschte Schuhe!
Doch kommt der Sachse nach Berlin
Da könnse ihn nich leidn
Da wollnsen eene drieberziehn
Da wollnse mit ihm streitn!
    Und dut mern ooch verscheißern —
    Sei Liedchen singt er eisern:

Refrain:
Sing, mei Sachse, sing! . . .

Anhang
Aus dem Kochbuch unserer Mutter

Anton Günther

Gebackene Knödle

Ka 's denn wos Bessersch gaabn
als wie gebackene Knödle?
Mer lackt de Händ on de Finger dernooch
als wie de Katz de Pfötle.

's gehärt fei gar net viel derzu,
e paar Ardäppel, Quark on Butter,
e wing Grieß on e paar Rosining drauf,
dos is es beste Futter.

Gebackene Knödle on Preißelbeer
on e Topp Kaffee schmeckt jeden,
's Wasser laaft ann in Maul schu z'samm,
härt mer när e Mol derva reden.

On denkt mer dra, fängt schu der Mogn
ve Freiden a ze bromme,
drüm loß mer aah in Arzgebirg
über gebackene Knödle nischt komme.

159

Hefeplinsen

Für 4 Personen

750 g Mehl
50 g Hefe
1 l Milch
3—4 Eier
etwas Salz
1/4 l saure Sahne
abgeriebene Zitronenschale
einige Rosinen
etwas Zucker
Fett zum Braten

Mehl in eine Schüssel schütten und in die Mitte eine Vertiefung drücken. Die Hefe dahinein bröckeln, mit etwas saurer Sahne verrühren. An einem warmen Platz 15 Minuten aufgehen lassen. Mit den weiteren Zutaten alles zu einem flüssigen Teig verrühren.

Das Fett in der Pfanne erhitzen und kleine Pflannkuchen von dem Teig mit Rosinen bestreut in die Pfanne geben. Auf beiden Seiten goldbraun backen. Mit Butter und Zucker oder Marmelade bestreichen oder mit beliebigem Kompott servieren.

Warmbier

Für 4 Personen

3/4 l Milch
1 Eßlöffel Speisestärke
1 Eigelb
1/2 l dunkles Bier
2 Eßlöffel Zucker
1 Messerspitze Zimt
1 Stück Zitronenschale
etwas Ingwer, falls vorhanden

1/2 l Milch erhitzen. Die restliche Milch kalt mit der Speisestärke und dem Eigelb verquirlen und in die kochende Milch rühren. Unter ständigem Rühren leicht kochen lassen, bis die Suppe etwas gedickt ist.

In einem anderen Topf das Bier mit Zucker, Zimt und der Zitronenschale erhitzen und in die Milch rühren. Die Zitronenschale herausnehmen und die Suppe nach Bedarf mit etwas Zucker abschmekken. Ingwer nach Belieben hinzugeben.

Butterkuchen

Zutaten für den Boden:
500 g Mehl
30 g Hefe
80 g Zucker
ca. $^1/_4$ l warme Milch
80 g Butter
1 Prise Salz
Zutaten für den Belag:
125 g flüssige Butter
150 g Zucker
ca. 1 Teelöffel Zimt

Mehl in eine Schüssel schütten und in die Mitte eine Vertiefung drücken. Die Hefe dahinein bröckeln, mit 2 Teelöffeln Zucker und etwas Milch verrühren. An einem warmen Platz 15 Minuten aufgehen lassen. Mit den weiteren Zutaten zu einem Teig verarbeiten. Erneut 30 Minuten gehen lassen. Auf einem gefetteten Blech ausrollen und noch einmal gut aufgehen lassen. Im vorgeheizten Ofen auf Mittelschiene bei 250 Grad ca. 20 Minuten backen. Sofort mit flüssiger Butter streichen und mit Zucker und Zimt bestreuen.

Quarkkeulchen

Für 4 Personen

750 g gekochte Kartoffeln
125 g Mehl
1—2 Eier
1 Teelöffel Salz
70 g Zucker
50—60 g Korinthen oder Rosinen
abgeriebene Zironenschale von einer
halben Zitrone
400 g Magerquark
1 Teelöffel Backpulver
Fett zum Backen
Zucker und Zimt zum Bestreuen

Gekochte Kartoffeln schälen und reiben. Mit Mehl, Eiern, etwas Salz, Zucker, abgeriebener Zitronenschale, Korinthen, Quark und Backpulver verkneten. Aus diesem Teig flache, runde, ca. 1 cm dicke Plätzchen formen. Das Fett in der Pfanne erhitzen und die Keulchen auf beiden Seiten schön goldgelb backen. Die heißen Keulchen werden mit Zucker und Zimt bestreut und mit einem beliebigen Kompott serviert.

*

Eierschecke

Zutaten für den Boden:
500 g Mehl
30 g Hefe
ca. $^1/_4$ l warme Milch
80 g Zucker
1 Prise Salz
80 g Butter
etwas Fett zum Bestreichen des Blechs
Zutaten für den Belag:
5 Eier
250 g Zucker
1—2 Eßlöffel Speisestärke
100 g Rosinen

Mehl in eine Schüssel schütten und in die Mitte eine Vertiefung drücken. Die Hefe dahinein bröckeln und mit etwas warmer Milch und Zucker verrühren. An einem warmen Ort gehen lassen. Anschließend mit den weiteren Zutaten zu einem Teig verkneten und zugedeckt mindestens 30 Minuten gehen lassen. Den Teig auf einem gefetteten Blech ausrollen und noch einmal aufgehen lassen. Für die Vanillecreme Eier, Zucker und Speisestärke in einen Topf geben, diesen in ein heißes Wasserbad stellen und alles so lange schlagen, bis eine dicke Creme entsteht. Diese Masse auf den Teig streichen, mit den Rosinen bestreuen und sofort im vorgeheizten Ofen auf Mittelschiene etwa 45 Minuten backen. Elektroherd 200 Grad, Gasherd Stufe 3. Den Kuchen sollte man frisch essen.

Klump

Man reibt rohe Kartoffeln (je nach Bedarf 8 bis 10 Stück), mischt diese mit Salz, 5 Eßlöffeln Mehl und gerösteten Semmelwürfeln. Die Masse tut man in eine gefettete Backform und bäckt sie im Ofen. Dazu serviert man Sauerkraut und Schweinebraten. Gut passen dazu auch Schweinerippchen (Leiterchen).

Man kann die Kartoffelmasse auch auf fertig gekochtes Sauerkraut füllen und wie oben im Ofen backen. Vorzüglich schmeckt Klump auch mit Kohlrüben, die in längliche Stäbchen geschnitten oder geraspelt werden. Extra servieren oder die Kartoffelmasse auf dem Rübengemüse backen!

Buttermilchgötzen

Für 4 Personen

1¹/₂ kg große rohe Kartoffeln
¹/₄—¹/₂ kg gekochte Kartoffeln
¹/₄—³/₄ l Buttermilch
etwas Salz
etwas Margerine, Öl oder Speck zum Braten

Die rohen und gekochten Kartoffeln schälen und reiben. Mit Buttermilch und Salz zu einem dickflüssigen Teig verrühren. Das gewünschte Fett in der Pfanne erhitzen und die Teigmasse im Ofen knusprig braten. Heiß servieren. Dazu kann beliebiges Kompott gereicht werden, Heidelbeeren, Preißelbeeren oder Backobst schmecken besonders gut dazu.

Apfeleierkuchen

In Eierkuchenteig mischt man rohe, geraspelte Äpfel und bäckt Eierkuchen wie sonst.

Sauerbraten

Man legt ein Stück Rinderbratenfleisch in einen Steintopf, gießt darüber eine Mischung von Essig und Wasser (¹/₃ Essig, ²/₃ Wasser), gibt Zwiebeln, Lorbeerblatt und Gewürzkörner bei und läßt zugedeckt an kühlem Ort 2 bis 3 Tage ziehen. Dann wird das Rindfleisch schön mit Speck angebraten, die Marinade angegossen, mit eingeweichtem braunem Honigkuchen wird die Soße sämig gemacht. Gut abschmecken! Zum Sauerbraten gibt es grüne Klöße.

Holunderbeersuppe

Für 4 Personen

500 g Holunderbeeren
1 Stück Zitronenschale
1 l Wasser
etwas Zucker
etwas Zitronensaft
30 g Speisestärke
etwas Milch
3 Eiweiß

Die Holunderbeeren waschen und von den Stielen streifen. In dem Wasser mit der Zitronenschale 25 Minuten leicht kochen. Durch ein Sieb rühren und mit Zucker und Zitronensaft abschmecken. Die Speisestärke mit etwas Milch anrühren und die Suppe damit binden.
Eiweiß zu steifem Schnee schlagen, davon kleine Klößchen in der Suppe zugedeckt einige Minuten ziehen lassen.

Grüne Klöße

10 bis 12 große Kartoffeln werden geschält und gerieben, und zwar in Wasser. Dann nimmt man einen festen Sack und preßt die Kartoffeln aus. Im Wasser setzt sich Kartoffelmehl ab, das die sparsame sächsische Hausfrau als Wäschestärke verwendet. Die ausgepreßten Kartoffeln übergießt man heiß mit einem Brei von $^1/_4$ l Milch und 50 g Gries, gibt 6 kleine, gekochte, geriebene Kartoffeln dazu, fügt Salz bei und formt mit nassen Händen Klöße, in die man geröstete Semmelwürfel tut. Die Klöße kocht man 15 bis 20 Minuten in Salzwasser.

*

*

Theodor Drobisch

Die Leipziger Bäckermeister

Die Bäckermeister zu Pleiß-Athen
Verrichten wahre Wundersachen,

Denn aus ganz kleinen Semmeln können
Sie fünf Stock hohe Häuser machen.

Bienenstich

Zutaten für den Boden:
500 g Mehl
 30 g Hefe
 80 g Zucker
ca. $^1/_4$ l warme Milch
 80 g Butter
1 Prise Salz
Zutaten für den Belag:
250 g Mandeln
100 g Butter
200 g Zucker
1 Prise Zimt
1 Eßlöffel Honig
2 Eßlöffel Milch

Mehl in eine Schüssel schütten und in die Mitte eine Vertiefung drücken. Die Hefe dahinein bröckeln, mit 2 Teelöffeln Zucker und etwas Milch verrühren. An einem warmen Platz 15 Minuten aufgehen lassen. Mit den weiteren Zutaten zu einem Teig verarbeiten. Erneut 30 Minuten gehen lassen. Auf einem gefetteten Blech ausrollen und noch einmal gut aufgehen lassen.

Butter in einem Topf erhitzen, Zucker darin anrösten, die Mandeln und die übrigen Zutaten hinzufügen. Die Masse unter Umrühren durchkochen, abkühlen lassen und auf den ausgerollten Hefeteig streichen. Bei Mittelhitze ca. 30 Minuten backen.

Sächsisches Wörterbuch

Zusammengestellt von Wolfgang Ehrhardt Heinold

aalen	faulenzen
aasen	viel ausgeben
abäschpern	sich abhetzen
abdraschen	sich abhetzen
Abern	Erdäpfel, Kartoffeln
abkätschen	abknabbern
abknaupeln	abnagen
abkneppen	jemandem etwas abnehmen
abrumpeln	abreiben
Äcke	pfui
Affenjacke	geckenhafte Jacke
anbläken	jemanden anschreien
angebatalgt kommen	unter schwerer Last herkommen
angokeln	anzünden
Angströhre	Zylinderhut
anhosen	sich unvorteilhaft anziehen
anhübschen	sich hübsch anziehen
anscheuseln	sich unvorteilhaft anziehen
antanzen	(meist auf Befehl) herankommen
aper	1. schneefrei
	2. dunstig
	3. aper werden: sich vor Ärger nicht mehr lassen können
Arschleder	Hinterschurz der Bergleute
ärschlings	rücklings
Asch	Gefäß
asten	rennen
aufbammeln	aufhängen
aufkneepeln	eine Knoten auflösen
aufpäpeln	ein Kind groß ziehen
auftitschen	Flüssigkeit auftupfen
Aule	Speichel
ausbäfen	ausschlafen
ausklosen	langsam mit einer Sache fertig werden
ausmären	zu Ende kommen
ausnuutschen	aussaugen
auspapeln	etwas ausplaudern
auspietschen	ausreißen
austebsen	sich austoben
austoffeln	jemanden aushorchen
auszuutschen	aussaugen
Bäbe	Napfkuchen

Babuschen	Hausschuhe
Pamps	Brei
Papelchen	Gespräch
Papelei	Geschwätz
barbs	barfuß
Baschel	Schweinchen
Paßplich	offizielle Zuschrift
batallchen	prügeln
petzen	angeben, anschwärzen
Bebbe	Hund
beeneln	rennen
behumpsen	übers Ohr hauen
Bemme	Butterbrot
pfietschen	einen schrillen Ton hervorbringen
Pfitschepfeiler	Pfeil für den Flitzbogen
pietschen	trinken
bischbern	flüstern
Bischebett	Einbindebettchen für das Baby
Bitzelei	ungeschicktes Schneiden
Bläker	Geld (geringschätzig: die paar Bläker!)
plawaatschen	unverständlich reden
Plempe	wäßriges Getränk, vor allem Kaffee
blöken	weinen, schreien
Popel	verhärteter Nasenschleim
Potzöberster	Alleroberster
Brandbrief	dringende Bitte um Geld
Bredullche	Verlegenheit
Bröselgetzen	Gebäck aus geriebenen gekochten Kartoffeln
Bucht	in unordentlichen Verhältnissen lebende Leute
Büdchen	kleiner Kramladen
Bulle	Flasche
pupig	ärmlich
Chaise	Wagen, Auto (verächtlich)
Dachtel	Ohrfeige
Talken	Gebäck meist aus geriebenen Kartoffeln und Milch
Taltsch	mißratenes Gebäck
Dämse	drückende Hitze
Dansch	unausgebackenes Brot
Tätz	Kopf
Dehne	große Entfernung
Deidei machen	kosen

Deideibettchen	Kinderbettchen
Deiterchen	Schläfchen im Kinderbett
Töle	Hündin, Köter
Tippeltappeltur, bei dem gehts nach der	er weicht nicht von der Regel ab
Titsche	Tunke
Titschkaffee	Kaffee, in den Gebäck, Titschkuchen, getaucht wird
Töbs	Lärm
Dolle	große Locke
trämeln	herumstehen
Trapptrapp	Pferdefleisch
Drasch	aufgeregte Geschäftigkeit
treug	trocken
Trippstrill	wie außer der Welt
trübetümplig	traurig
dummöhrig	beschränkt
Dummsdorf, aus D. sein	dumm sein
turbieren	quälen
dürrlänz'g	mager, ärmlich
Duselei	Gedankenlosigkeit
e	Ausruf des Staunens oder Widerspruchs
ehrbußlig	vornehm
eien	liebkosen
Eierschäcke	Kuchensorte
Eigenlob, Eechenlob stinkt	Wortspiel mit Eichenlaub
eiern	foppen
einbamsen	einhüllen
Eefache	Schnitte Brot, Bemme
einmummeln	sich einhüllen
einsielen	durch Gebrauch verunreinigen
erlaufen	durch Laufen erreichen
Esse, Feieresse	Schornstein; Zylinderhut
Essenkehrer	Schornsteinfeger
Eule, Kehreule	Besen
fänsen	weinen
Fettlebe machen	gut essen und trinken
Finkennäpfchen	allzu kleines Gefäß
Fisimatenten	Umstände, Ausflüchte
fitzen	ängstlich und verwirrt handeln
Flähwasser	Spülwasser, verächtlich für Kaffee
Flämme, eine F. machen	den Mund oder das Gesicht weinerlich verziehen

169

Fläppe	dto.
fortmachen	fortgehen
Froschgieke	stumpfes Messer
Gauks	Schrei
gedesche	kleinlaut
Gefähnse	weinerliches Wesen
Geiferlätzchen	Serviette für kleine Kinder
Gekrietsche	Gekreisch
Gelumpe	Sachen (verächtlich gebraucht)
Gescheeche	Gespenst
Geständere	herumstehen
Getzen	Speise aus geriebenen rohen Kartoffeln oder Mehl, auch Erdäpfelgetzen, Mehlgetzen, Buttermilchgetzen, Eiergetzen, Kirschgetzen
Gewitterspritze	Regenschirm
Gieke	Messer
Griebs	Kerngehäuse des Obstes
Griwatsch	kleiner Mensch
großkotzig	anmaßend
Gunks	Stoß
Gusche	Maul, Mund
hä	wie bitte
Habchen und Papchen	geringfügiges Besitztum
Hackerchen	Zähnchen des Kindes
Hacksch	männliches Schwein
hampeln	unsicher gehen
happig	begehrlich
hee	Ausruf des Staunens
Heemte	Heimat
Heweetel	Streit, Ärger
hickseln	um die Pflanzen das Erdreich lockern
hiefrig	schutzbedürftig, schwächlich
Hippe	Ziege
hochschnobrig	hochnäsig
Horzel	Bruchstück, insbesondere von Sandstein
Hottofärdchen	Pferd (Kindersprache)
Hübel	Hügel
Huckel	Erhöhung
hule	Lockruf für Gänse
Husche	Regenguß
Hütsche	Fußbank

hutzen gehen	Besuch in der Nachbarschaft in der Dämmerstunde
ippeln	schnell laufen
Jesuslaatschen	Kneippsandalen
jupptig	schnell, gewandt
Käpprich	Kopfsprung
Karrete	Kutschwagen
Käsehitsche	niedriger Kinderschlitten aus drei Brettern
kätschen	schmatzen
Kaupelei	Tausch unter Schulkindern von Bildern und dergleichen
kaupeln	kleine Tauschgeschäfte machen
kiesätig	widerwillig
kippeln	auf zwei Stuhlbeinen schaukeln
klanschig	schliffig, nicht ausgebacken
klätschen, hinklätschen	fallen
Klitsch	Schlag mit der flachen Hand
kloßen	langsam sein beim Arbeiten
Klunsch	mißratenes Gebäck
knaupeln	an den Fingernägeln kauen, nagen
Knust	Stück Brot, Eckstück des Brotes
Gorks	Wirrwarr
Krämchen	Handel (geringschätzig)
Kuhbläke	abseits liegende Ortschaft
Kuhle	Grube
Kuttelflecke	Kaldaunen als Speise zugerichtet
Kuttelmuttel	Durcheinander
lätsch	eine Arbeit nicht ordentlich ausführen
Latsch	großer Fuß, Hausschuh
Latschen	schief (verstärkt; querlätsch)
Leichenbäbe	Kartoffelkäulchen aus rohen Kartoffeln
Leichenfinger	Kuchen von trockener Beschaffenheit
leirig	langer Dreierkäse
lunschen, linsen	weinerlich
Lurke	linsen
luschern	dünnes Getränk, hauptsächlich Kaffee oder Bier
mären	umrühren (vermären: verlegt)
Mährde	Mischmasch, Durcheinander, auch Obst- oder Wasserkaltschale
Mätzchen	Schwierigkeiten, Umstände
Mauldiiree (Mauldiarrhöe)	Schwatzsucht
mausen	stehlen
Mengenke	Durcheinander
Merks	Gedächtniskraft

Meste	Gefäß von Holz oder Steingut zum Aufhängen, auch Staren-kasten
Micke	junge Zicke
Mittelmuff	einfacher Kuchen (davon mittelmuff'g halbschierig = nicht besonders wertvoll)
mummeln, einmummeln	einhüllen
Murks	Pfuscharbeit
Muttelei	unnützes Arbeiten
Nickerchen	kurzes Schläfchen nach Tische
ningeln	unleidlich sein
nippeln	in kleinen Schlucken trinken, auch langsam essen
Nischel	Kopf
Nulpe	Wolke
Nuppel	Gummihütchen zum Saugen für kleine Kinder
Ölgetzen	Kartoffelgebäck mit Leinöl
Quärchel	kleiner Quarkkäse in Stangenform
Quärchelei	Herumlaufen von Kindern
quärcheln	in die Quere laufen
Quarkkäulchen	Gebäck aus Quark und Kartoffeln
Rabeter	Arbeiter
raksen, räksen	sich ungeschliffen räuspern, rülpsen
Ränftchen	Endstück des Brotes
rapschen	ohne Wahl zusammenraffen
Rapuse	Unordnung
Rauchemaat, auch Nacketemad	Gebäck aus Kartoffeln, Mehl und Fett
Reitschule	Karussell
Ritter, arme	in Milch aufgeweichte Semmelscheiben, in Butter gebacken
Rotzhobel	Taschentuch
Säächamsel	Ameise
säppeln	rennen
Scheeks, Schäks	Liebhaber
Schälchen	Kaffeetasse
Schauer	offener Schuppen
scheechen	durch Schrecken verjagen, herumgeistern
Schippchen	Küchlein
Schippe, eine Sch. machen	den Mund zum Weinen verziehen
Schlickermilch	geronnene saure Milch
Schmiege	zusammengeklappbarer Zollstock
schmofen	gut essen
Schnippel	Penis

schnorz	gleichgültig
Schreibebrief	Brief von größerem Umfang
schullen	pissen
schurigeln	herumstoßen
Seiger, Seecher	Uhr, meist Standuhr mit Pendel
Sichelbeene	krumme Beine
Speckdeckel	schmutzige Mütze
Speiler	Holzstäbchen, mit dem die Wurst an den Enden verschlossen wird
Spundes	Angst, Scheu
Ständerchen	Gespräch im Stehen
Stinkadores	schlechte Zigarre
storksen	steifbeinig gehen
strietzen	jemandem hart zusetzen
Sterzelboom	Purzelbaum
sielen	sich im Schmutze wühlen
Sums	Lärm
urschen	verschwenderisch umgehen
verurassen	verderben
verwamsen	durchprügeln
wichsen	prügeln, auch verwichsen
Wiederbekehr	noch in der W. sein = unentschlossen
ziefzen	Schmerzenslaute hören lassen, gefährlich tun
ziepsen	das Haar beim Kämmen raufen
Zille	großer Elbkahn
Zitschebäbrich	Zeisig

Inhalts- und Literaturverzeichnis

Die nachgestellten Ziffern bezeichnen die jeweilige Seite, auf der die Beiträge zu finden sind.

175

Abbildungsnachweis

Weitere Titel über Sachsen

SACHSEN

Fotos Udo Pellmann, Text Manfred P. Bläske
144 Seiten, Farbabbildungen, 12 Schwarzweißabbildungen
23,2 × 27 cm, gebunden mit farbigem Schutzumschlag

DRESDEN — FLORENZ DES NORDENS

Fotos und Text Hans-Jürgen Müller
136 Seiten, 110 Farbabbildungen, 2 Schwarzweißabbildungen
Text in deutsch, englisch, französisch und italienisch
24 × 30 cm, gebunden mit farbigem Schutzumschlag

DRESDEN — IMPRESSIONEN EINER STADT

Fotos Christian Störzer, Texte Hermann Heckmann und Eva Suchy
96 Seiten, 71 großformatige Farbabbildungen
24,5 × 32 cm, gebunden mit farbigem Schutzumschlag

MAHLERISCHE AN- UND AUSSICHTEN DER UMGEGEND VON
DRESDEN IN EINEM KREISE VON SECHS BIS ACHT MEILEN

aufgenommen, gezeichnet und radiert von C. A. Richter und A. Ludwig
Richter, Herausgeber Heinrich Pleticha
Faksimile der zweiten verbesserten Auflage von 1822
numerierte Ausgabe von 1200 Exemplaren
188 Seiten, 70 Tafeln nach Stichen, Bildtexte in deutsch und französisch
22,4 × 14 cm, Leinen mit farbigem Schutzumschlag

SACHSEN — HISTORISCHE LANDESKUNDE MITTELDEUTSCHLANDS

Herausgeber Hermann Heckmann
304 Seiten, 45 Schwarzweißabbildungen, 92 Städtewappen in
Schwarzweißwiedergabe, 2 Karten
17 × 24 cm, gebunden mit farbigem Überzug

SACHSEN

Heinrich Pleticha
80 Seiten, 29 Farbabbildungen, 22 Schwarzweißabbildungen, 1 Karte
16,5 × 23,5 cm, Broschur mit farbigem Umschlag

SACHSEN WIE ES LACHT

Herausgeber Wolfgang Ehrhardt Heinold
144 Seiten, 7 Zeichnungen
17 × 17 cm, gebunden mit farbigem Schutzumschlag

SACHSEN UNTER SICH ÜBER SICH

Herausgeber Wolfgang Ehrhardt Heinold
272 Seiten, 9 Schwarzweißabbildungen
11 × 9 cm, gebunden mit farbigem Schutzumschlag

VERACHTET MIR DIE SACHSEN NICHT

Versuch über eine Wahlverwandtschaft: die Franken und die Sachsen
mit einem baierischen Anhang
Wolfgang Buhl
164 Seiten, 21 Schwarzweißabbildungen
10,7 × 18 cm, gebunden mit farbigem Schutzumschlag

DAS ALTE DRESEN

Erich Haenel/Eugene Kalkschmidt
Unveränderter Nachdruck der Ausgabe von 1934
472 Seiten mit über 250 Abbildungen, Stichen, Zeichnungen, Gemälden, Fotografien
16,5 × 23,5 cm, gebunden mit farbigem Schutzumschlag

BILDER-ATLAS ZUR SÄCHSISCHEN GESCHICHTE

Otto Eduard Schmidt/Jean Louis Sponsel
Unveränderter Nachdruck der Ausgabe von 1909
26 Seiten Text, über 500 Abbildungen auf 100 Tafeln
22 × 30 cm, gebunden mit farbigem Überzug

CHEMNITZ IN ALTEN ANSICHTSKARTEN*

Herausgeber Brigitte Weidlich

DRESDEN IN ALTEN ANSICHTSKARTEN*

Herausgeber Brigitte Weidlich

ERZGEBIRGE IN ALTEN ANSICHTSKARTEN*

Herausgeber Werner Dienel

LEIPZIG IN ALTEN ANSICHTSKARTEN*

Herausgeber Hugo Johst

SACHSEN IN ALTEN ANSICHTSKARTEN*

Herausgeber Martin Lauckner

---

* Jeder Band umfaßt bis zu 128 teils farbige Abbildungen in Originalgröße 20,4 × 14,4 cm, gebunden mit farbigem Überzug und Goldprägung